STUD BOOK CONTINENTAL

DES

RACES CANINES

(S. B. C.)

PARIS. — TYP. PAUL SCHMIDT, 5, RUE PERRONET.

STUD BOOK CONTINENTAL

DES

RACES CANINES

(S. B. C.)

———

Chiens primés aux Expositions de France, Belgique,
Suisse, Hollande et Allemagne, de 1882

———

TOME DEUXIÈME

————————*————————

PARIS

L. CRÉMIÈRE, DIRECTEUR DU JOURNAL *LE CHENIL*

8, RUE JEAN-JACQUES-ROUSSEAU, 8

1883

ABRÉVIATIONS

K. C. S. B. — Kennel Club Stud Book.
D. H. S. B. — *Deutsches Hund-Stamm-Buch.*
S. B. C. — Stub Book continental des races canines.

SOCIÉTÉ CENTRALE

POUR L'AMÉLIORATION DES

RACES DE CHIENS

STATUTS

ARTICLE PREMIER.

La Société a pour but d'encourager l'amélioration et la reconsti-
tution des races de chiens français, par tous les moyens jugés
convenables par son Comité.

ART. 2.

La Société organise des Expositions périodiques de chiens, soit
à Paris, soit en province.

ART. 3.

La Société se compose de Membres Fondateurs, Membres Souscripteurs, Membres Honoraires, Membres Donateurs, lesquels sont
reçus par le Comité de la Société, nommé lui-même pour trois ans,
en assemblée générale des Membres Fondateurs.

ART. 4.

Le Comité de la Société se compose de sept membres au moins
et de dix-huit au plus.

Il nomme son Président, ses Vice-Présidents et son Secrétaire
général, pour trois ans. Dans le cas où le Président du Cercle de

la Chasse ne serait pas Président de la Société, il est de droit Membre du Comité. Le Comité peut rester composé de sept Membres ou présenter des candidats à l'Assemblée pour compléter le nombre de dix-huit, prévu à l'article 4 ; il peut faire des nominations provisoires entre deux Assemblées.

ART. 5.

Tous les Membres du Cercle de la Chasse sont de droits Membres Souscripteurs.

La cotisation annuelle des Membres Fondateurs est de 60 francs, et celle des Membres Souscripteurs est de 30 francs.

ART. 6.

Le Comité de la Société est investi des pouvoirs les plus étendus pour l'administration de la Société et l'établissement des règlements.

Les décisions prises par quatre Membres sont valables.

Les convocations se font vingt-quatre heures avant par la poste.

Le Comité nomme, pour chaque exposition, le Commissaire général et les Membres du jury d'admission des chiens.

Il convoque, une fois par an, l'Assemblée générale des Fondateurs, pour faire approuver ses comptes et pourvoir, le cas échéant, aux élections du Comité.

ART. 7.

Le Comité de la Société nomme le Président et le Rapporteur du Jury des récompenses.

Les Membres du Jury des récompenses sont nommés à la majorité relative des votes exprimés par les Exposants-Amateurs, au moyen d'un bulletin de vote remis par eux le jour même de l'admission de leurs chiens.

Le Président du Jury a voix délibérative au Comité pour toute question concernant l'Exposition.

ART. 8.

Les premiers Membres Fondateurs de la Société centrale pour l'amélioration des races de chiens, sont :

MM. le marquis de Nicolay, le baron de Lestrange, le prince de
Wagram, le comte C. du Bourg, Benoît-Champy, le baron
Bellier de Villiers, le vicomte de Marne, Paul de Viefville.
Manuel, Boyer de Cadush, Ed. Boullay, le comte d'Arjuzon.
le vicomte de Briailles, de Gessler, Paul Labitte, Raoul
Brinquant, le comte de Torcy, le comte de Briailles, le comte
de Vanssay, le comte Calvet-Rogniat, le vicomte de la
Bélinaye, le vicomte Roger de Maupas, Cibiel, Desbordes,
de Terrouenne, Jourdain, Barbié du Bocage, Emmanuel
Balensi, le marquis de Perthuis, Sipière, le marquis de
Dampierre, le comte de Pully, le baron de Montesquieu,
Étienne Coste, Paul Bredin, le vicomte Clary, Adolphe
Labadie, le comte A. de Boisgelin, Paul Caillard, Louis de
Viefville, Touchard, Léon d'Halloy, Lambert-Champy.

ART. 9.

Le Comité reçoit les Fondateurs au scrutin secret et à la majorité
absolue des voix.

Une noire annule trois blanches.

ART. 10.

Les Membres Souscripteurs étrangers au Cercle de la Chasse,
les Membres Honoraires et Donateurs agréés par le Comité, ont
leurs noms inscrits sur l'*Annuaire* de la Société. Ils reçoivent une
carte d'entrée personnelle pour les Expositions, et, en outre, deux
cartes gratuites.

Les Membres Fondateurs prennent seuls part aux Assemblées
de la Société.

Ils reçoivent une carte spéciale et personnelle pour tous les
jours des Expositions, soit à Paris, soit en province, et trois
cartes gratuites permanentes.

ART. 11.

Le siège de la Société est au Cercle de la Chasse.

Le Cercle de la Chasse affecte à l'usage exclusif de la Société
centrale pour l'amélioration des races de chiens, un de ses salons.
imprime ses Statuts et lui assure le concours d'un secrétaire.

Art. 12.

En cas de dissolution du Cercle de la Chasse, la Société conserve son autonomie et son existence indépendantes.

Le Comité en fonctions pour les années 1882-1885 a été constitué par le Comité du Cercle de la Chasse, ainsi qu'il suit :

MM. le marquis de Nicolay, président ; baron de Lestrange, vice-président ; Benoît-Champy, secrétaire-général ; baron Bellier de Villiers, secrétaire.

Membres du Comité :

MM. le vicomte de Marne, Boyer de Cadusch, prince de Wagram, Paul Labitte, comte C. du Bourg, Henri Frossard, Raoul Treuille, Maurice Kann, Cibiel, Jourdain, Paul Bredin.

JURY D'ADMISSION & JURY DES RÉCOMPENSES

RÈGLEMENT

Article premier.

Il est institué, par le Comité de la Société Centrale pour l'amélioration des races de chiens, deux Jurys, l'un à l'effet d'admettre à concourir tous chiens régulièrement engagés, l'autre de récompenser les propriétaires des plus remarquables d'entre eux.

Art. 2.

Le jury d'admission qui a pour but de décider si le chien présenté est en bonne santé, a des caractères de races suffisamment accusés pour concourir dans une des classes, est composé de : un Président, un Vice-Président et quatre Membres dont un sera vétérinaire.

Ses décisions sont sans appel.

En cas de partage des voix, celle du Président est prépondérante.

ART. 3.

Le Jury des récompenses, appelé à signaler au public les individus les plus remarquables de chaque classe en leur décernant des prix proportionnels comme valeur au mérite respectif de chacun d'eux, est divisé en cinq groupes composés chacun d'un Président et de deux Juges.

Les membres de chaque Jury nomment leur Président.

En cas de partage égal des voix, celle du Président est toujours prépondérante.

ART. 4.

La répartition des vingt et un groupes de la classification des races, entre les cinq Jurys des récompenses, est la suivante :

1er Jury.

1er groupe.	—	Chiens de défense et de garde.
2o	—	Chiens de berger.
3e	—	Chiens rattiers.

2e Jury.

4o groupe.	—	Meutes de chiens pour chasser à courre.
5o	—	Meutes de chiens pour chasser à tir.
10e	—	Meutes de chiens bâtards près du sang français.
11e	—	Meutes de chiens bâtards près du sang anglais.

3e Jury.

6e groupe.	—	Chiens courants français, à poil ras.
7e	—	Chiens courants français griffons.
8o	—	Chiens courants anglais, à poil ras.
9e	—	Chiens courants anglais griffons.
12e	—	Chiens courants bassets à poil ras et griffons.

4° *Jury.*

13e	groupe.	Chiens d'arrêt à poil ras, variétés françaises.
14°	—	Chiens d'arrêt à poil ras, variétés anglaises.
15°	—	Chiens d'arrêt à long poil, variétés françaises.
16e	—	Chiens d'arrêt à long poil, variétés anglaises.
17e	—	Chiens de chasse à tir, variétés anglaises.

5° *Jury.*

18e	groupe.	Levrons à poil ras et à long poil.
19e	—	Levrons d'appartement.
20°	—	Chiens d'appartement à poil ras.
21e	—	Chiens d'appartement à long poil.

ART. 5.

Chaque jury étant directement nommé par les exposants-ama-mateurs, la répartition des prix entre chaque classe d'un même groupe, lui appartient de plein droit et il a toute liberté pour en hausser ou diminuer la valeur, — dans la limite du budget qui lui est alloué, — selon qu'il juge que telle ou telle classe mérite particulièrement d'être encouragée et recommandée aux éleveurs et amateurs.

Il ne peut donner plus de trois prix dans chaque classe, et le premier prix est toujours décerné au plus beau mâle, en tant que sa valeur intrinsèque est réelle. Le deuxième prix est toujours attribué à la plus belle femelle, avec la même réserve.

Le maximum d'un prix ne peut dépasser la somme de cent cinquante francs.

ART. 6.

Pour qu'ils soient jugés dans les meilleures conditions possi-bles, les chiens d'une même classe, — sur la désignation des membres du jury, — seront conduits dans une enceinte spéciale-ment aménagée *ad hoc* pour y être promenés à la main, et, au besoin, mis en liberté sous les yeux de leurs juges.

Art. 7.

Les membres de chaque jury désigneront l'un d'eux comme rapporteur de ses opérations, et ce dernier membre devra fournir un procès-verbal qui servira d'éléments pour faire le rapport général du jury des récompenses.

Art. 8.

Des prix d'honneur ou diplômes au nombre de quatorze et une somme de dix mille francs sont mis à la disposition du jury des récompenses par le Comité de la Société Centrale pour l'amélioration des races de chiens, à l'effet d'être répartis ainsi qu'il suit entre les cinq jurys qui le composent :

Un prix d'honneur au plus beau chien pour la défense de l'homme ;

Un prix d'honneur au plus beau chien pour la garde du bétail ;

Un prix d'honneur pour la plus belle meute de chiens français ;

Un prix d'honneur pour la plus belle meute de chiens anglais ;

Un prix d'honneur pour la plus belle meute de chiens bâtards ;

Un prix d'honneur pour le plus beau chien courant de race française, exposé seul ;

Un prix d'honneur pour le plus beau chien courant de race anglaise, exposé seul ;

Un prix d'honneur pour le plus beau chien courant griffon ;

Un prix d'honneur pour le plus beau chien d'arrêt français à poil ras ;

Un prix d'honneur pour le plus beau chien d'arrêt anglais à poil ras ;

Un prix d'honneur pour le plus beau chien d'arrêt français à long poil ;

Un prix d'honneur au plus beau chien d'arrêt anglais, à long poil ;

Un prix d'honneur au plus beau basset français ;

Un prix d'honneur au plus beau chien d'appartement.

Quant aux prix pour meutes, ils consistent en un diplôme et une somme d'argent pour le piqueux, savoir : cent francs pour un premier prix ; cinquante francs pour un deuxième prix, et vingt-cinq francs pour un troisième prix.

La somme de dix mille francs est ainsi divisée entre les divers jurys :

1er Jury. Chiens de garde et de berger, 1,200 francs.
2o — Meutes et chiens courants exposés seuls, 1,500 francs.
3o — Chiens courants de toutes races, exposés seuls, 1,600 francs.
4o — Chiens d'arrêt, 2,400 francs.
5o — Chiens de luxe et d'appartement, 1,200 francs.

ART. 9.

Le jury peut délivrer autant de mentions honorables qu'il le juge convenable.

ART. 10.

Le même chien peut obtenir un prix de classe et un prix d'honneur.

NOTA. — Le Cercle de la Chasse a été dissous en 1882, et la Société centrale pour l'amélioration des races canines se trouve au Cercle de la rue Royale, place de la Concorde, 4.

LAURÉATS DE L'EXPOSITION CANINE

DE 1882

COMPOSITION DES JURYS

Président du jury : M. le marquis DE NICOLAY.

Rapporteur du jury : M. G. BENOIT-CHAMPY.

1er Jury.

MM. le marquis de Cherville, Touchard, Crémière.

2º Jury.

MM. le baron de Montesquieu, le baron A. de Montesquieu, Labadie.

3e Jury.

MM. le vicomte de La Besge, le marquis de Perthuis.

4º Jury.

MM. le vicomte Clary, le comte d'Orglande, le comte du Bourg.

5º Jury.

MM. Paul Caillard, d'Halloy, Gindre-Malherbe.

LISTE DES PRIX D'HONNEUR

Race Dupuy, M. Caille. — Race Saint-Germain, M. Alfred Collet. — Pointers, M. Paul Caillard. — Barbets, M. Puech. — Setters tachés orange, M. Burschell. — Setters noirs, M. Paul Caillard. — Laverachs, M. Pranishnikof. — Retrievers, M. Paul Caillard. — Lévriers, M. Paul Caillard. — Chiens de berger, M. Foussemagne. — Chiens de garde, M. le duc de Leuchtenberg. — Caniches, M. de Dreux-Brézé. — Vendéens, M. Baudry-d'Asson. — Griffons de Bretagne, M. Benoît-Champy. — Bâtards, M. Benoît-Champy. — Bâtards, M. de Vauguyon. — Meute Poitou, M. de Vauguyon. — Meute Vendée, M. Baudry-d'Asson. — Meute bâtards Vendée, M. de Boisgelin. — Meute Saintonge, M. Solberg.

PRIX DES PIQUEURS

DÉCERNÉS PAR LE COMITÉ DE LA SOCIÉTÉ

1º CHOPLIN, premier piqueur du comte A. de Boisgelin. N'a jamais quitté l'équipage que dirigeait son père et a ses fils sous ses ordres. Un diplôme et 100 francs.

2º G. BAUDIN (François), premier piqueur du comte Baudry-d'Asson. Vingt ans de service chez M. le vicomte de Tinguy, quinze ans chez M. Baudry-d'Asson. Un diplôme et 80 francs.

3º ROBINEAU (Simon), premier piqueur chez M. Étienne Coste. Dix-neuf ans de service dans trois équipages. Un diplôme et 50 francs.

4º PIAN (François), premier piqueur chez M. de Vauguyon. Treize ans de service dans deux équipages. Un diplôme d'encouragement.

Chiens primés en 1882

Meutes.

Classe 15. — CHIENS FRANÇAIS A POIL RAS

M. le comte Baudry-d'Asson. — Piqueur Gaudineau, prix d'honneur, 1er prix.

Classe 16. — GRIFFONS FRANÇAIS

M. Étienne Coste. — Piqueur, Simon Robineau, 1er prix.

Classe 17. — CHIENS ANGLAIS

M. Joachim Lefebvre. — Piqueur Firmin, mention honorable.

Classe 17 *bis*. — BEAGLES

M. le vicomte de Chabot. — Piqueur X..., 1er prix.

Classe 18. — BATARDS DE GRANDE TAILLE

M. le comte de Boisgelin. — Piqueur, Chaplin, prix d'honneur, 1er prix.
M. Henri de Vauguyon. — Piqueur, Pian, 2e prix.
M. Henri de Vauguyon. — Piqueur, Pian, prix d'honneur d'élevage.
M. Bardin. — Piqueur, Rosée, 3e prix.
M. Bezanson. — Piqueur, Fanfare, mention honorable.
M. Paul Bredin. — Piqueur, Vocelest, mention honorable.

Classe 18 *bis*. — BATARDS GRANDE TAILLE
(près du sang français).

M. Paul Solberg. — Piqueur, Laffitte, prix d'honneur, 1er prix.

Classe 19. — BATARDS DE PETITE TAILLE

M. le vicomte Decazes. — Piqueur, Mesmim, 1er prix.
M. d'Hardiviller. — Piqueur, Digon, 2e prix.

Classe 20. — BASSETS A POIL RAS

M. Louis Lanne. — Piqueur, X... Nombre de chiens insuffisant
pour décerner le prix, malgré leurs prix antérieurs en France
et en Angleterre, rappel de 1er prix.

Classe 21. — BASSETS, GRIFFONS

M. Bocquet, mention honorable.

CHIENS DE GARDE ET DE DÉFENSE

1re classe. — *Dogues et Mâtins.*

Pas de 1er prix.

2001. Rocambole, à M. Bucker, 2e prix, 60 francs.
2002. Lion, à M. Ravry, mention honorable.

2e classe. — *Grands Danois.*

2003. Pacha, à M. le duc de Leuchtenberg, prix d'honneur,
1er prix, 100 francs.
2004. Osman, à M. Sinadino, 2e prix, 60 francs.
2005. César, à M. Albert Mundler, mention honorable.

3e classe. — *Dogues et Mastiffs.*

Pas de prix.

2006. Dogma, à M. Burchell, mention honorable.

5ᵉ CLASSE. — *Terre-Neuve et Labrador.*

2007. LION, à M. Crozier, 1ᵉʳ prix, 100 francs.
2008. MÉLIN, à M. Lamy, 2ᵒ prix, 60 francs.
2009. CÉSAR, à M. Lecomte, mention honorable.

6ᵉ CLASSE. — *Chiens de montagne poil ras.*

2010. BOB, dogue allemand, à M. Nagelmacker, 1ᵉʳ prix, 80 francs.

7ᵒ CLASSE. — *Chiens de montagne poil long.*

2011. HERCULE, chien de Pologne, à M. Leroy, 1ᵉʳ prix, 100 francs.
2012. PIÉMÈNE, chien des Pyrénées, à Mˡˡᵉ Wieffar, 2ᵉ prix, 60 francs.
2013. MINKA, chien d'Ulm, à M. Léon Pic, mention honorable.

7ᵒ CLASSE *bis*.

2014. CÉSAR, à M. le prince Mouroussy, 1ᵉʳ prix, 80 francs.

HORS CLASSE.

2015. BOARHOUND, à M. Mac Swinney, 1ᵉʳ prix, 80 francs.

CHIENS DE BESTIAUX

8ᵉ CLASSE. — *Chiens de bouvier.*

2016. JACQUES, à M. Faussemagne, 1ᵉʳ prix, 100 francs.
2017. N..., à M. Bocquet, 1ᵉʳ prix, 100 francs.

10ᵉ CLASSE. — *Bergers étrangers.*

2018. N..., à M. Leroy (long poil), 1ᵉʳ prix, 100 francs.
2019. GLEN, à M. Mackensie, 2ᵒ prix, 60 francs.
2020. BELLO, à M. Charles Delaunay, mention honorable.

GARDE DES ÉCURIES ET RATIERS

11° CLASSE. — *Petits danois.*

2021. STOP, à M. de Laigne, 1er prix, 80 francs.
2022. SPOT, à M. Aiglion, 2e prix, 60 francs.

13° CLASSE. — *Bull-terriers.*

2023. N..., à M. Cazaux, 1er prix, 80 francs. (Mort pendant l'Exposition.)
2024. COQUETTE, à M. Ravry, 2e prix, 60 francs.
2025. BOULO, à M. Ravry, mention honorable.
2026. PAPILLON, à M. Lecomte, mention honorable.
2027. LELIE, à Mme Motsch, mention honorable.

BATARDS PRÈS DU SANG FRANÇAIS

36e CLASSE. — *Grande taille.*

2028. RAVAUDE, à M. de Vauguyon, prix d'honneur, 1er prix, 200 francs.
2029. VOLONTAIRE, à M. Bardin, 2e prix, 100 francs.
2030. BOLÉRO, à M. P. Solberg, mention honorable.
2031. CORSAIRE, à M. Desbordes, mention honorable.

> *Pedigree :* CORSAIRE, par Mylord, anglo-poitevin, hors de Comtesse, anglo-normand du chenil de M. Bezançon. — Comtesse, chenil de la Broize, par Gilblas, hors de Sirène.

2032. COGNAC, à M. Treuilh, mention honorable.

37° CLASSE. — *Petite taille.*

2033. SALADINE, à M. Benoît-Champy, 1er prix, 100 francs.

> *Pedigree :* SALADINE, bâtard anglo-poitevin, née en 1879, chez M. Laurence; propriétaire, M. Benoît-Champy,

par Bertram, hors de Bellone. — Bertram, par Chenapan, hors de Bombance. — Bellone, par Boliveau, hors de Calypso. — Chenapan, par Ferriman, hors de Vitesse. 1er prix, Exposition de Paris 1882.

BATARDS PRÈS DU SANG ANGLAIS

38e CLASSE. — *Grande taille.*

CONNÉTABLE, à M. Benoît-Champy, prix d'honneur, 1er prix, 150 francs, S. B. C., n° 918, tome I.

Pedigree : CONNÉTABLE, né en janvier 1880, à Montbard, chez M. Benoît-Champy, par Douglas, hors de Fringalle. 2e prix, Paris 1881 ; 1er prix, Paris 1882.

2034. PAILLARD, à M. J. Lefèvre, 2e prix, 100 francs. Acheté aux enchères en vente publique sans pedigree.

CHIENS FRANÇAIS A POIL RAS

23e CLASSE. — *Saint-Hubert.*

2035. RUSTIC, à M. le comte Le Coulteux, 1er prix, 100 francs.

Pedigree : RUSTIC, cinq ans, par Ringwood, hors de Yearless. — Ringwood, par Regent, hors de Brenda. — Yearless, par Radical, à lord Wolwerton, hors de Fancifull, à lord Wolwerton. — Regent, par Druid, hors de Empress. — Brenda, par Raglan, hors de Duchess. — Druid, par Druid, hors de Dewlap. — Empress, par Rufus, hors de Welcome. — Raglan, par Raglan, hors de Welbeck. — Duchess, par Druid, hors de Charmer.

COMMANDANT, à M. Bocquet, 2e prix, 40 francs, S. B. C., n° 912, tome I, 2e prix, Paris 1881.

24e CLASSE. — *Gascogne.*

2036. CONQUÊTE, à M. Laval, 1er prix, 100 francs.

Pedigree : CONQUÊTE, par Saladin, hors de Colère, du chenil de M. Y. Monié, à Plaisance-du-Touch (Haute-Garonne) ; les aïeux provenaient de la meute de M. Salvayre, qui a laissé sa meute en mourant à M. David d'Auch.

2037. TÉNOR, à M. Laval, 2e prix, 100 francs.

Pedigree : TÉNOR, par Major, hors de Colère, même provenance que Conquête.

25e CLASSE. — *Vendée.*

ROYAULEAU, à M. le comte Baudry-d'Asson, prix d'honneur, 1er prix, 100 francs (S. B. C., t. I, no 1032). Voir Exposition de la Roche-sur-Yon, 1881, 1er prix.

2038. PUYGIRAULT, à M. le baron de l'Estrange, 2e prix, 40 francs.

26e CLASSE. — *Artois et Normandie.*

2039. TAMBELLE, 1er prix en 1882, à M. de Quandalle, à Hesdin.

Pedigree : TAMBELLE, née en 1878, par Boucan, hors de Junon. — Boucan, par Ravageau, hors de Frisette. — Junon, par Golo, hors de Bravade. — Ravageau, par Gerfaut, primé en 1863, hors de Malice I. — Frisette, par Thereau, hors de Soprano I. — Golo (étalon du chenil de M. Duval de Conteval, à Neuville, sous Montreuil-sur-Mer, par Corsaire, du chenil de M. Leflon) hors de Turbulente I. — Bravade (donnée en 1871 au Jardin d'acclimatation de Paris), par Finot, primé en 1867, hors de Comtesse, primée en 1867.

2040. GOUVERNEUR, à M. le comte Dubourg, 2e prix, 40 francs.

27e CLASSE. — *Franche-Comté et Auvergne.*

2041. MARCANO, à M. Lapille, 1er prix, 100 francs.
2042. COMTESSE, à M. Cerfond, 2e prix, 40 francs.

GRIFFONS FRANÇAIS

29ᵉ CLASSE. — *Bretagne.*

2043. MONARQUE, à M. Benoît-Champy, prix d'honneur, 1ᵉʳ prix,
100 francs.
Pedigree : MONARQUE, chien griffon fauve de Bretagne,
né en 1880, chez M. Benoît-Champy, par Ténor, hors de
X..., chienne fauve de Bretagne, prix d'honneur, Exposition de Paris 1882.

30ᵉ CLASSE. — *Vendée.*

PISTON, à M. Bocquet, 2ᵉ prix, 40 francs. S. B. C., nᵒ 928,
tome I. 1ᵉʳ prix, Francfort 1878. Exposition Hanovre,
1ᵉʳ prix en 1879. Mention, Paris 1881.

31ᵉ CLASSE. — *Bresse et divers.*

2044. SAUVEUR, à M. Coste, château de Lacanche, par Arnay-le-
Duc (Côte-d'Or), 1ᵉʳ prix, 100 fr.
2045. TAPAGEUR, à M. d'Hardiviller, 2ᵉ prix, 40 francs.

CHIENS ANGLAIS A POIL RAS

32ᵉ CLASSE. — *Staghounds.*

2046. N..., à M. Lefebvre, 2ᵉ prix, 40 francs. Acheté en Angleterre
aux enchères sans pedigree.

33ᵉ CLASSE. — *Beagles.*

2047. N..., à M. Combes, 1ᵉʳ prix, 100 francs.
2048. N..., à M. Combes, 2ᵉ prix, 40 francs.

GRIFFONS ANGLAIS

34ᵉ CLASSE. — *Otterhounds.*

2049. MUSIQUE, à M. Benoît-Champy, 1ᵉʳ prix, 100 francs.

Pedigree : Musique, otterhound, né en 1879, chez M. Wilkinson (Écosse). Propriétaire, M. Benoît-Champy. Par Belman II, hors de Riot. — Belman II, par Belman I, hors de Warlight. — Riot, par Swimmer. 1er prix, Exposition de Paris 1882.

35e classe. — *Wels-Harriers.*

2050. Countess, à M. Caillard, 1er prix, 100 francs.
2051. X..., à M. Caillard, 2e prix, 40 francs.

BASSETS

41e classe. — *Bassets-Griffons.*

2052. N..., à M. le prince de Wagram, 1er prix, 100 francs.
2053. Fricot, à M. le comte de Beaumont, 2e prix, 40 francs.

42e classe. — *Bassets étrangers.*

2054. Prince ⎰ bassets allemand noir et feu, à M. Nagelmakers,
2055. Zoé ⎱   1er prix, 100 francs.
2056. Waldman, à M. Hardiviller, 2e prix, 40 francs.

40e classe. — *Bassets poil ras.*

2057. Rabagas, à M. Bocquet, 2e prix, 40 francs.

CHIENS D'ARRÊT A POIL RAS

43e classe. — *Chiens de la race Dupuy.*

2058. Sarah ⎰
2059. Duc ⎱ à M. Regnault, 1er prix, 60 francs.

44e classe. — *Chiens de races picardes, du Bengale et du Bourbonnais.*

2060. Schnepp (chien), à M. Caille, prix d'honneur, 100 francs.

45ᵉ CLASSE. — *Chiens de la race Saint-Germain.*

2061. N..., à M. Alf. Collot, prix d'honneur, 100 francs.
2062. STOP, à M. le comte Calvet-Rognat, 1ᵉʳ prix, 60 francs.
2063. N... (chien), à M. Blaize, 2ᵉ prix, 40 francs.
2064. KATE, à M. Jannevel, 3ᵒ prix *ex æquo*, 25 francs.
2065. X..., à M. Popoff, 3ᵉ prix *ex æquo*, 25 francs.

46ᵒ CLASSE. — *Chiens à taches noires, etc.*

2066. X..., une lice et ses petits, 1ᵉʳ prix, 100 francs.

CHIENS D'ARRÊT A POIL RAS

47ᵒ CLASSE. — *Pointers à taches orangées.*

2067. JOCUS (chien) (K. C. S. B., nᵒ 10020), à M. Paul Caillard,
prix d'honneur, 100 francs.

50ᵉ CLASSE. — *Pointers marron à taches noires et fauves.*

2068. ROCH (chien), à M. le marquis de Colombel, 1ᵉʳ prix, 60 francs.

CHIENS D'ARRÊT A POIL LONG

51ᵒ CLASSE. — *Épagneuls à taches marron.*

2069. N..., 1ᵉʳ prix, 100 francs.
2070. BOY (chien), à M. Leroy, 2ᵉ prix, 40 francs.

52ᵒ CLASSE. — *Épagneuls de la race de Pont-Audemer.*

2071. N... (chien), à M. Bocquet, 1ᵉʳ prix *ex æquo*, 60 francs.
2072. FLUTE, à M. de Cadusch, 1ᵉʳ prix, *ex æquo*, 60 francs.

53ᵒ CLASSE. — *Épagneuls noirs, marrons, ardoisés, etc.*

2073. DIANE, à M. Lefort, 3ᵒ prix, *ex æquo*, 25 francs.
2074. MÉDOR, à M. Lefort, 3ᵉ prix, *ex æquo*, 25 francs.

54ᵉ CLASSE. — *Barbets à taches marrons ou fauves.*

2075. N..., à M. Puech, prix d'honneur, 100 francs.

2076. MARCO } à M. Boulet, 1ᵉʳ prix, 60 francs.
2077. MYRA }

    Pedigree: MARCO, né le 18 novembre 1879, chez M. E. Boulet, à Elbeuf (Seine-Inférieure), marron clair, quelques poils blancs, tache blanche au poitrail, par Diavolo, hors de Diane II. — Diavolo, par Stop, hors de Diane. — Diane II, par Régent, hors de Belle. 1ᵉʳ prix Paris 1882, mention Spa 1882.

    . *Pedigree:* MYRA, née le 18 novembre 1879, chez M. E. Boulet, à Elbeuf (Seine-Inférieure), marron clair, quelques poils blancs, tache blanche à la poitrine, par Diavolo, hors de Diane II. — Diavolo, par Stop, hors de Diane. — Diane II, par Régent, hors de Belle.

    FEDOR, à M. Bar, rappel de médaille, S. B. C., n° 982, tome I.

2078. GRIFFE } à M. Camus, 2ᵉ prix, 40 francs.
2079. SIBO }

2080. MIRZA, à M. Braquessac, 3ᵉ prix, 25 francs.

2081. RICA, à M. Cottereau, 2ᵉ prix. 40 francs.

    Pedigree: RICA, par Dick, hors de Miss, appartenant à M. J. Gauthier, 43, rue de Trévise.

CHIENS D'ARRÊT A POIL LONG

56ᵉ CLASSE. — *Setters anglais.*

2082. NAT, à M. Burschell, prix d'honneur, 100 francs.

2083. STOP, à M. Félix, 1ᵉʳ prix, 60 francs.

57ᵉ CLASSE. — *Setters gordon.*

2084. KERVENAN (K. C. S. B., n° 11484), prix d'honneur, 100 francs.

2085. MISS, à M. Lenoir, 1ᵉʳ prix, 60 francs.

2086. MAC, à M. Josson, 2ᵉ prix, 40 francs *ex æquo.*

Pedigree : MAC, par Ranger (S. B. C., n° 964), à M. Josson, hors de Miss. — Ranger, par Blossom, hors de Nell. — Miss, par Rex (K. C. S. B., n° 1617), hors de X..., sœur de Hop a Idston. — Rex, par Rupert (K. C. S. B., n° 4315), hors de Rhoda.

2087. NELL et sa portée, à M. Josson, 2ᵉ prix, 40 francs, *ex œquo.*

Pedigree : NELL, lice gordon setter, par Rex, hors de Daisy (K. C. S. B., n° 4316). — Rex, par Romp, hors de Sang. — Daisy, par Robin, hors de Nell. — Romp, par Régent (K. C. S. B. n° 1675), hors de Donce II. — Sang, par Reuben, hors de Mona. — Robin, par Reubin (champion n° 1615), hors de Nell. — Nell, par Dizzy, hors de Nell.

2088. X..., à M. Bocquet, mention.

58° CLASSE. — *Setters rouges d'Irlande.*

PALMERSTON II, à M. le comte A. de Vaux, 1ᵉʳ prix, 60 francs (S. B. C., n° 969, tome I).

2089. MACKS, à M. Josson, 2° prix, 40 francs, *ex œquo.*
2090. BOB, à M. Caste (chien), 2° prix, 40 francs *ex œquo.*

59° CLASSE. — *Laverachs bleus, etc.*

2091. KARS, à M. Pranishnikoff, prix d'honneur *ex œquo*, 100 francs.
2092. N..., à M. Bordeaux, 1ᵉʳ prix, 60 francs.

SPOT, à M. le marquis de Nicolay, rappel grand prix (S. B. C., n° 962, tome I).

CHASSES A TIR

63° CLASSE. — *Cockers.*

2093. CHAMPION FRED (cinq prix anglais. K. C. S. B., n° 10432), à M. Paul Caillard, 1ᵉʳ prix, 60 francs.
2094. FANGA, à M. Dubuisson, 2ᵉ prix, 40 francs, *ex œquo.*
2095. TURQ, à M. de Laville-Leroux, 2ᵉ prix, 40 francs, *ex œquo.*

64ᵉ CLASSE. — *Retrievers.*

2096. Mol (cinq prix anglais et la coupe. K. C. S. B., n° 11484), à M. Paul Caillard, prix d'honneur, 100 francs.

LÉVRIERS

68ᵉ CLASSE. — *Lévriers d'Écosse.*

2097. Benn, à M. Paul Caillard, prix d'honneur, 100 francs.
2098. Max, à M. Ravry, 2ᵉ prix, 40 francs.

69ᵉ CLASSE. — *Lévriers russes et persans.*

2099. Kuva, à M. Quesnel, 1ᵉʳ prix.
X..., élevage, jeunes lévriers, à Mᵐᵉ X..., mention.

LEVRONS D'APPARTEMENT

70ᵉ CLASSE. — *Levrons d'Italie et autres.*

2100. N..., à M. Maurice Charlet, 2ᵉ prix, 60 francs.

71ᵉ CLASSE. — *Levrons de Turquie et de Chine.*

2101. Mimiss, à Mᵐᵉ Thillier, 3ᵉ prix, 30 francs.
2102. X..., à M. Lelong, 3ᵉ prix, 30 francs.

72ᵉ CLASSE. — *Carlins.*

2103. Prince, à M. Bauceret, 1ᵉʳ prix, 75 francs.
2104. Canino, à Mᵐᵉ de Vaux-Fleury, 2ᵉ prix, 50 francs.
2105. Nana, à Mᵐᵉ de Vaux-Fleury, mention honorable.

73ᵉ CLASSE. — *Toy-terriers.*

2106. Mimi, à M. Schumaker, 1ᵉʳ prix, 75 francs.
2107. Betty, à M. Bocquet, 3ᵉ prix, 50 francs.
2108. N..., à M. Renouard, mention honorable.
2109. N..., à M. Rousselot, mention honorable.

74ᵉ CLASSE. — *Caniches.*

2110. CLAIRON, à M. de Brezé, prix d'honneur, 1ᵉʳ prix, 75 francs.
2111. MACO, à M. Raymond, 2ᵉ prix, 50 francs.
2112. BIBI, à M. Daroet, 3ᵉ prix, 30 francs.
2113. HINDO, à Mᵐᵉ la marquise de Béranger, mention honorable.

75ᵉ CLASSE *bis.* — *Terriers à poil dur.*

GYPSY, à M. Bourceret, 1ᵉʳ prix, 75 francs (S. B. C., n° 1024, tome I).
2114. X..., à M. Hardiviller, mention honorable.

76ᵉ CLASSE. — *Bichons de la Havane ou de l'île de Malte.*

2115. MIMI, à Mᵐᵉ Bosch, 1ᵉʳ prix, 75 francs.
2116. X..., à M. Lecomte, mention honorable.
FLY, à M. Hardiviller (S. B. C., n° 1016, tome I), mention honorable.
2117. MIGNON, à M. Pasquet, mention honorable.

77ᵉ CLASSE. — *Griffons d'Écosse.*

MINNIE, à M. Renouard, 1ᵉʳ prix, 75 francs (S. B. C., n° 1018, tome I).
2118. N..., à M. Bourceret, 2ᵉ prix, 50 francs.
DAISY, à M. Hardiviller, 3ᵉ prix, 30 francs (S. B. C., n° 1021, tome I).
DARLING, à M. Renouard, mention honorable (S. B. C., n° 1019, tome I).

78ᵉ CLASSE. — *Skye.*

2119. FANFARE, à M. Playon, 1ᵉʳ prix, 75 francs.
2120. X..., à M. Ravry, 2ᵉ prix, 50 francs.

79ᵉ CLASSE. — *Loulous de Poméranie.*

2121. MALIN, à M. Bourceret, 3ᵉ prix, 30 francs.

INSCRIPTIONS AU STUD BOOK CONTINENTAL

Janvier 1883

POINTERS

2122. Mylord, pointer de petite taille, blanc et orange, né en 1878, chez M. Borremans, à Bruxelles ; propriétaire, M. A. Jabon, notaire à Limont-Remicourt (Belgique), sans pedigree. Mention honorable à Bruxelles 1880, mention honorable à Spa 1882.

2123. Lindor, pointer mâle, blanc et foie, légèrement tiqueté, à M. Arthur Girard, à Ruffec (Charente).

Pedigree : Lindor, né le 14 avril 1882, chez M. Bussac, à la Rochefoucauld (Charente), inscrit au K. C. S. B., figurera au volume de 1883. Par Ponto, hors de Flash (K. C. S. B., n° 1075). — Ponto, pointer blanc et foie, né en 1875, chez lord Waterford, cédé en 1876 par le duc de Beauffort à M. Anguis, conseiller général de la Vienne.— Flash, par Prim, à M. Bonfield, hors de Mab, à M. Laity. — Prim, par Hamlet, à M. Olivers. — Mab, par Champion-Bang, hors de Vesta.

2124. Gitane, pointer femelle blanche et foie, à M. Arthur Girard, à Ruffec (Charente).

Pedigree : Gitane, née le 17 juin 1882, chez M. Arthur Girard, par Top, à M. Saugé de Surgères, hors de Juno VII (K. C. S. B., n° 10081). — Top, né au chenil de la *Chasse illustrée* (Asnières), par Major (K. C. S. B., n° 6038), hors de Nell.— Juno VII (K. C. S. B., n° 10081), par Don, hors de Juno, élevée chez M. Fautleroy. — Nell, par Goth, à M. Pilkington, hors de Juno. — Don, par Don, à M. Macdonald, hors de Zoé. — Major, par Champion-Drake, hors de Mite. — Champion-Drake, par Rap,

hors de Miss-Doll. — Mite, par Brag, hors de Juno
n° 1171. — Goth, par Tory, n° 6058, hors de Jessie,
n° 6073. — Juno, par Young-Bang, n° 4994, hors de Teal.
. n° 6062.

2125. NASO, pointer mâle blanc et orange, à M. Neukomm, inspecteur des forêts à Schaffhouse (Suisse).

Pedigree : NASO, né le 24 juillet 1880, au Jardin d'acclimatation du bois de Boulogne, Paris. Par Bloss, hors de Mirza.

Naso a eu le 2e prix, médaille d'argent, à l'Exposition canine d'Aarbourg 1882.

SETTERS ANGLAIS

2126. STRETTO, setter anglais (laverach) mâle, noir et blanc marqué de feu, à M. A. Jabon, à Limont-Remicourt (Belgique).

Pedigree : STRETTO (D. H. S. B., n° 215), né le 26 octobre 1878, chez M. Guillaume, à Cologne, par Ranger III (K. C. S. B., n° 7169), hors de Nelly. Stretto a eu le 1er prix à Elberfeld en 1880.

2127. QUEEN, setter anglais (laverach), femelle blanche mouchetée, une oreille noire et une mouchetée, marques de feu aux oreilles, à M. A. Jabon, à Limont-Remicourt (Belgique).

Pedigree : QUEEN, né le 6 juin 1882, chez S. A. le prince de Solms-Braunfels. Par Robin-Hood (K. C. S. B., n° 11395), hors de Queen Ier (D. H. S. B., n° 551). — Queen Ier, par Fred III, hors de Judy.

SETTERS GORDON

2128. BEL-AIR, gordon setter femelle noire et feu, à M. Charles Yger, à Cany (Seine-Inférieure).

Pedigree : BEL-AIR, née le 15 février 1880, chez M. Paul Caillard, au chenil du Bel-Air, par Saint-Laurent des Eaux (Loir-et-Cher). Par Rock, hors de Bell. — Rock, par

Champion-Ronald (K. C. S. B., n° 6519), hors de Rhine V
(K. C. S. B., n° 1600). — Bell, par Monarch (K. C. S. B.,
n° 5099), hors de Flora. — Champion-Ronald, par Lang
(K. C. S. B., n° 1601), hors de Norah. — Rhine V, par
Old-Kent, hors de Rhine IV. — Monarch, par Lang (K. C.
S. B., n° 1601), hors de Rhona (K. C. S. B., n° 1680). —
Flora, par Lang, hors de Mona. — Lang, par Reuben
(K. C. S. B., n° 1625), hors de Mona. — Norah, par Old-
Kent, hors de Duchess. — Old-Kent, par Shot, hors de
Bitsch of Adamson. — Rhine IV, par Argyll, hors de
Ruby. — Mona, par Champion-Kent, hors de Champion-
Duchess.

2129. BELL, setter gordon femelle, noir et feu, à M. Charles Yger,
à Cany (Seine-Inférieure).

Pedigree : BELL, née le 5 juillet 1881, chez M. C. Yger,
à Cany (Seine-Inférieure), par Tweed, du Jardin d'acclimatation du bois de Boulogne, Paris, hors de Bel-Air, à
M. C. Yger. — Bel-Air (S. B. C., n° 2128), par Rock, à
M. Paul Caillard, hors de Bell.

2130. ROCK, setter gordon mâle noir et feu, à M. Charles Yger, à
Cany (Seine-Inférieure).

Pedigree : ROCK, né 21 juillet 1882, chez M. Charles
Yger, à Cany (Seine-Inférieure). Par Mac, à M. Josson,
hors de Bel-Air, à M. Yger. — Mac, médaille d'argent
1882, Paris, par Ranger, à M. Josson, hors de Miss. —
Bel-Air, par Rock, à M. Paul Caillard, hors de Bell, à
à M. Paul Caillard.— Ranger, à M. Josson, médaille d'or
Paris 1881, par Blossom, hors de Nell. — Miss, par Rex
(K. C. S. B., n° 1617), hors de X..., sœur de Hop, à Idstou.
— Rock, par Champion-Ronald (K. C. S. B., n° 6159),
hors de Rhive V (K. C. S. B., n° 1600).— Bell, par Monarch
(K. C. S. B., n° 5099), hors de Flora. — Rex (K. C. S. B.,
n° 1617), par Rupert (K. C. S. B., n° 4315), hors do
Rhoda.

2131. NELL, setter gordon femelle noir et feu, à M. Charles Yger,
à Cany (Seine-Inférieure).

Pedigree : NELL, née le 21 juillet 1882, chez M. Charles Yger, à Cany. Par Mac, hors de Bel-Air. (Voir pedigree n° 2130.)

2132. NORAH, setter gordon femelle noir et feu, à M. Charles Yger, à Cany (Seine-Inférieure).

Pedigree : NORAH, née le 21 juillet 1881. (Voir pedigree n° 2130.)

2133. COUNTESS, setter gordon femelle noire et feu, à M. B. Siegmund, à Bâle (Suisse).

Pedigree : COUNTESS (D. H. S. B., n° 572), née le 3 avril 1880, chez M. Paul Caillard, au Bel-Air, par Saint-Laurent-des-Eaux (Loir-et-Cher). Par Monarch (K. C. S. B., n° 5099), hors de Sal.

Countess, 1er prix, médaille d'or, à Aarbourg (Suisse), 1882.

2134. MAÏDA, setter gordon femelle noir et feu, à M. B. Siegmund, à Basle (Suisse).

Pedigree : MAÏDA (D. H. S. B., n° 886), née le 19 avril 1881, chez M. Siegmund. Par Lord, hors de Countess. — Lord, par Rex II (K. C. S. B, n° 5101), hors de Jessie (K. C. S. B., n° 8248). — Countess (D. H. S. B., n° 572), par Monarch (K. C. S. B., n° 5099), hors de Sal.

Maïda a eu à Aarbourg 1882 le 2e prix, médaille d'argent.

2135. LILLY, setter gordon femelle, à M. Léon Leblon, à Lessines (Belgique).

Pedigree : LILLY, née le 28 février 1880, chez M. Josson, chenil du Raincy, près Paris, par Ranger, hors de Miss. — Ranger, 1er prix Paris 1881, par Champion-Blossom (K. C. S. B., n° 6090), hors de Nell, à M. Eglington (K. C. S. B., n° 7252). — Miss, par Rex, à M. Tondreau-Loiseau, hors de Rhoda, à M. Paul Caillard. — Rex, par Rex (K. C. S. B., n° 1617), hors de Sœure de Hop, à M. Idstone. — Rhoda, par Rupert (K. C. S. B., n° 4315), hors de Rispach.

Lilly, mention très honorable à Spa 1882.

2136. Dick, setter gordon mâle, à M. François Paley, 31, rue des Dames, Paris-Batignolles.

Pedigree : Dick, né en.août 1879, chez M. Tondreau-Lioseau au chenil de Peruwelz (Belgique), par Prince, à M. Tondreau-Loiseau, hors de la Reine, à M. Tondreau-Loiseau. — Prince, par Grouse (K. C. S. B., n° 5097), hors de Mona (mère de Champion-Lang.— La Reine, par Solms, hors de Duchess (K. C. S. B., n° 6168). — Solms, par Duke, hors de Empress, tous deux à S. A. le prince de Solms-Braunfels. — Duchess (K. C. S. B., n° 6168), par Sultan, hors de Moll. — Sultan, par Kent, hors de Old-Moll. — Moll, par Ranger, hors de Duchess.

2137. Nell, setter gordon femelle, à M. François Paley, 31, rue des Dames, Paris-Batignolles.

Pedigree : Nell, setter gordon femelle, petite tache blanche à la poitrine, née le 16 mars 1880, chez M. Paul Caillard, au Bel-Air, par Saint-Laurent-des-Eaux (Loir-et-Cher. Par Monarch (K. C. S. B., n° 5099), hors de Nellie. — Monarch (K. C. S. B., n° 5099), par Rhona (K. C. S. B., n° 1680), hors de Lang (K. C. S. B., n° 1601'. — Nellie, par Rex, hors de Rhine V (K. C. S. B., n° 1600'. — Rhona, par Reuben (K. C. S. B., n° 1615), hors de Nell. — Lang (K. C. S. B., n° 1601), par Reuben, hors de Mona.

2138. Rock, setter gordon mâle, à M. François Paley, 31, rue des Dames, à Paris-Batignolles.

Pedigree : Rock, né le 2 janvier 1882, petite tache banche à la poitrine, chez M. François Paley, par Dick (S. B. C., n° 2135', hors de Nell. — Dick (S. B. C.. n° 2135'. par Prince, hors de La Reine.

SETTERS IRLANDAIS

2139. Young-Sarah, setter rouge irlandais femelle, rouge acajou blanc au poitrail, à M. Arthur Girard, à Ruffec (Charente).

Pedigree : Young-Sarah, née le 14 mai 1882, chez M. A. Girard, à Ruffec (Charente). Par Stick, setter rouge d'Irlande importé de Cork (Irlande) en 1879, appartenant à M. G. de Lanchère. Hors de Queen, à M. A. Girard. — Queen, par Champion-Dick (K. C. S. B., n° 1708), hors de Vénus II. — Champion-Dick, par Grouse, hors de Flirt. — Vénus II, par Bob (K. C. S. B., n° 1700), au major Hutchinson. — Bob, par Dash (K. C. S. B., n° 1707).

2140. BESS, setter rouge d'Irlande femelle, rouge acajou, à M. Henri de Lassée, à Ruffec (Charente).

Pedigree : BESS, née le 17 mai 1882, chez M. Arthur Girard, à Ruffec (Charente), par Stick. (Voir suite n° 2138.)

2141. DICK, setter rouge d'Irlande mâle, rouge acajou, à M. Henri de Lassée, à Ruffec (Charente).

Pedigree : DICK, né le 17 mai 1882, chez M. Arthur Girard, à Ruffec (Charente), par Stick. (Voir suite n° 2138.)

2142. BOB, setter rouge mâle d'Irlande, à M. de La Brosse, château de Meisseix (Puy-de-Dôme).

Pedigree : BOB, né le 2 septembre 1882, chez M. de Jousselin, 9, place des Arts, à Niort. Par Red, hors de Flaye. — Red, par Grouse, du Jardin d'acclimatation, hors de Miss Bell (K. C. S. B., n° 10331). — Flaye (K. C. S. B., n° 10332), à M. le vicomte de Jousselin, par Roland, hors de Diane. — Miss-Bell (K. C. S. B., n° 10331), par Palmerston II, hors de Norah. — Roland, par Jack, hors de Lowe. — Diane, par Jacob, hors de Lowe. — Palmerston II, par Dash, hors de Nell. — Norah, par Prim, hors de Nell.

GRIFFONS D'ARRÊT FRANÇAIS

2143. DIAVOLO II, griffon d'arrêt français mâle marron, semé de quelques points blancs presque invisibles, à M. Emmanuel Boulet, 34, rue Royale, à Elbeuf (Seine-Inférieure).

Pedigree : DIAVOLO II, né le 18 avril 1882, chez M. E. Boulet, à Elbeuf, par Marco (S. B. C., n° 2076), 1er prix Paris 1882 ; mention Spa 1882. Hors de Myra (S. B. C., n° 2077), 1er prix Paris 1882. — Marco, par Diavolo, hors de Diane II. — Myra, par Diavolo, hors de

Diane II. — Diavolo, par Stop, hors de Diane. — Diane II, par Régent, hors de Belle.

2144. POLKA, griffon d'arrêt français femelle marron, semée de quelques poils blancs jabot, à M. Emmanuel Boulet, à Elbeuf.

 Pedigree : POLKA, née le 18 avril. (Voir pedigree n° 2142.)

2145. WEESS, griffon d'arrêt français mâle, marron clair semé de quelques poils blancs, jabot blanc, petite tache blanche à l'épaule, à M. Emmanuel Boulet, 34, rue Royale, à Elbeuf (Seine-Inférieure).

 Pedigree : WEESS, né le 18 avril 1882 (voir pedigree 2142.)

SAINTONGEOIS PUR

2146. RIPAILLE II, étalon saintongeois pur, propriétaire M. Benoît-Champy, à Montbard (Côte-d'Or).

 Pedigree : RIPAILLE II, né en 1880, chez M. Stolberg, à Bordeaux. Par Ripaille Ier, hors de Fringante. — Ripaille Ier, par Romulus, hors de Royale. — Fringante, par Badineau, hors de Rigolette. — Romulus, par Annibal, hors de Prudente. — Royale, par Romulus, hors de Osaca. — Badineau, par Badineau, hors de Nerica. — Rigolette, par Melas, hors de Tiaresse.

GRIFFON GRIS DE SAINT-LOUIS

2147. MARCO, griffon gris de Saint-Louis, né en 1881, chez M. Cruchent, propriétaire M. Benoît-Champy. Par Commandeur et Fanfare.

CHIENS COURANTS BATARDS

2148. MARJOLAINE, chienne bâtard anglo-poitevin, à M. Benoît-Champy, à Montbard (Côte-d'Or.)

 Pedigree : MARJOLAINE, née en 1876, chez M. Laurence. Par Traveller, hors de Romance. — Traveller, par Calcas, hors de Mendane. — Romance, par Fils-de-l'Air.

2149. SAGITTAIRE, bâtard anglo-poitevin, à M. Benoît-Champy, à
Montbard (Côte-d'Or).

 Pedigree : SAGITTAIRE, née en 1879, chez M. Laurence.
Par Bertram, hors de Marjolaine. — Bertram, par Che-
napan, hors de Bombance. — Chenapan, par Ferriman,
hors de Vitesse. — Marjolaine, par Traveller, hors de
Romance. — Traveller, par Calchas. — Romance, par
Fils-de-l'Air.

2150. TÉNOR, bâtard anglo-poitevin, à M. Benoît-Champy, à Montbard (Côte-d'Or).

 Pedigree : TÉNOR, né en 1879, chez M. de la Besge. Par
Fingal, hors de Percante. — Fingal, par Talbot, hors de
Volage. — Percante, par Talbot III, hors de Mauresque II.
— Talbot, par Calchas, par Montjoie. — Volage, par
Douglas, hors de Marjolaine. — Douglas, hors de Bas-
quine. — Marjolaine, par Calchas.

2151. ROCHESTER, bâtard étalon anglo-poitevin à M. Louis de Neuville, château de Combas, par Magnac-Bourg (Haute-
Vienne).

 Pedigree : ROCHESTER, né le 12 octobre 1863, chez le propriétaire. Par Douglas, hors de Decampe. — Douglas, à
M. de Montbron, par Traveller, hors de Fringante II. —
Decampe, par X... (anglais), hors de Pandore, lice de la race
de Larry.

2152. VOLAGE, lice bâtarde anglo-poitevin, à M. Louis de Neuville,
château de Combas, par Magnac-Bourg (Haute-Vienne).

 Pedigree : VOLAGE, née le 3 avril 1873 chez le proprié-
taire. Par Tancrède, hors de Mauresque. — Tancrède, né
chez M. de Bellabre, par Rochester, hors de Gazelle. —
Mauresque II, du chenil de Persac, par Calchas, hors de
Mauresque. — Rochester, par Douglas, hors de Decampe.
— Gazelle, par X... (race de Virelade), hors de Panthère.
— Calchas, du chenil de Persac. — Mauresque, par Fau-
blas, hors de Junon. — Faublas, par Traveller, hors de
Fringante. — Junon, du chenil dè M. Des Cars.

2153. VOLONTAIRE, bâtard anglo-poitevin, mâle, à M. Louis de Neu-

ville, château de Combas, par Magnac-Bourg (Haute-
Vienne).

Pedigree : Volontaire, né le 3 avril 1873, chez le propriétaire, par Tancrède, hors de Mauresque II. — Tancrède, né au chenil de M. de Bellabre, par Rochester, hors
de Darelle. — Mauresque II, née à Persac chez M. le
vicomte E. de La Besge, par Calchas et Mauresque Ier. —
Rochester, par Douglas, hors de Decampe. — Darelle, à
M. de Bellabre, par X... (race de Virelade), hors de Panthère. — Calchas, du chenil de Persac, à M. le vicomte
E. de La Besge. — Mauresque, par Faublas, hors de Junon.
— Douglas, par Traveller, hors de Fringante. — Decampe,
par X... (anglais), hors de Pandore, lice de la race de
Larry.

2154. Giselle, lice bâtard anglo-poitevin, à M. Louis de Neuville,
château de Combas, par Magnac-Bourg (Haute-Vienne).

Pedigree : Giselle, née le 23 septembre 1878, chez le
propriétaire, par Volontaire, hors de Marjolaine. — Volontaire (voir pedigree n° 2153). — Marjolaine, par un étalon
du chenil de M. le comte du Luart, hors d'une lice du
chenil de M. Desvignes.

2155. Job, étalon bâtard anglo-poitevin, à M. Louis de Neuville,
au château de Combas, par Magnac-Bourg (Haute-Vienne).

Pedigree : Job, né le 15 mars 1879 chez le propriétaire.
Par Malineau, étalon anglais, hors de Volage. — Volage
(voir pedigree n° 2152).

2156. Joyeuse, lice bâtard anglo-saintongeois, à M. Louis de Neuville, au château de Combas, par Magnac-Bourg (Haute-
Vienne).

Pedigree : Joyeuse, née le 27 février 1879 chez le propriétaire. Par Malineau, étalon anglais, hors de Rigolette,
lice pur sang saintongeois. — Rigolette, par Romulus,
hors de Royale. — Romulus et Royale, de l'équipage de
Mios (Gironde).

2157. L'Horizon, étalon bâtard anglo-saintongeois, à M. Louis de
Neuville, château de Combas, par Magnac-Bourg (Haute-
Vienne).

Pedigree : L'Horizon, né le 12 juin 1880 chez le propriétaire. Par Volontaire, hors de Vesta. — Volontaire (voir pedigree n° 2153). — Vesta, par Sancho, étalon anglais du chenil du duc de Beaufort, hors de Rigolette, lice pur sang saintongeois. — Rigolette, par Romulus, hors de Royale, tous deux du chenil de Mios (Gironde).

2158. Lorette, lice bâtarde anglo-saintongeoise, à M. Louis de Neuville, au château de Combas, par Magnac-Bourg (Haute-Vienne).

Pedigree : Lorette, née le 27 mars 1880 chez le propriétaire, par Maxwell, étalon anglais, hors de Giselle. — Giselle (voir pedigree n° 2154).

CHIENS COURANTS FRANÇAIS D'ARTOIS

2159. Royaleau, étalon race d'Artois, à M. de Quandalle.

Pedigree : Royaleau, né en 1876 chez le propriétaire, admis à l'exposition de 1881 aux Tuileries, à Paris. Par Billancourt, hors de Malice II. — Billancourt, par Satanas, étalon du chenil de M. le baron Roger Seillière, hors de Babiole. — Malice II, par Briffaut, hors de Joyeuse.

2160. V'la-l'Oiseau, mâle, race d'Artois, à M. de Quandalle.

Pedigree : V'la-l'Oiseau, né en 1880 chez le propriétaire, admis à l'exposition des Tuileries, en 1882. Par Picardeau, hors de Soprano II. — Picardeau, par Printaneau, étalon du chenil du comte de Fouler de Relingue, à Lillers, hors de Sirène, lice à M. Le Josne, château d'Étrun, près Arras. — Soprano II, par Fleuribeau, hors de Tempête Ier. — Printaneau, par Tancrède, du chenil de M. le comte de Fouler de Relingue, hors de Sonore. — Sirène, par Billancourt, hors de Bellaude. — Fleuribeau, par Flambeau, hors de Parisienne. — Tempête Ier, par Barbuzot, hors de Vertigo.

2161. Mascaro II, mâle, race d'Artois, à M. de Quandalle.

Pedigree : Mascaro II, né en 1881 chez le propriétaire, par V'là-l'Oiseau, hors de Flourette. — V'là-l'Oiseau, par

Picardeau, hors de Soprano II. — Flourette, par Mascaro Ier hors de Nigra. — V'là-l'Oiseau (voir pedigree n° 2160).

62. BAZOUGES, mâle, race d'Artois, à M. de Quandalle.
Pedigree : BAZOUGES, né en 1881 chez le propriétaire. Par Cabot II, hors de Tambette. — Tambette, née en 1878, par Boucan, hors de Junon. — Tambette (voir pedigree n° 2039).

2163. CENTAURE, mâle, race d'Artois, à M. de Quandalle.
Pedigree : CENTAURE, né en 1882 chez le propriétaire, par Timideau, hors de Rigolette.

2164. ORPHÉE, mâle, race d'Artois, à M. de Quandalle.
Pedigree : ORPHÉE, né en 1882, par Printaneau, hors de la Ciguë. — Printaneau, du chenil de M. Desbordes, à Avize (Marne), par Figaro, hors de Ravissante. — La Ciguë, par Carillon, hors de Bricole.

2165. TEMPÊTE II, lice d'Artois, à M. de Quandalle.
Pedigree : TEMPÊTE II, née en 1879 chez le propriétaire. Par Monarch, hors de Sauvage.

2166. FOLLETTE, lice d'Artois, à M. de Quandalle.
Pedigree : FOLLETTE, née en 1879 chez le propriétaire, par Royaleau, hors de Briska Ier.

2167. FLOURETTE, lice d'Artois à M. de Quandalle.
Pedigree : FLOURETTE, née en 1880 chez le propriétaire. Par Mascaro Ier, hors de Nigra.—Nigra, par Figaro, hors de Comtesse. — Figaro, par Rabatjoie, hors de Négresse. — Comtesse, par Monarch, hors de Fanfare.

2168. LA CIGUE, lice d'Artois, à M. de Quandalle.
Pedigree : LA CIGUE, née en 1880 chez le propriétaire. Par Carillon, hors de Bricole.

2169. TURBULENTE II, lice d'Artois, à M. de Quandalle.
Pedigree : TURBULENTE II, née en 1881, par V'là-l'Oiseau, hors de Flourette. — V'là-l'Oiseau, par Picardeau, hors de Soprano II.—Flourette, par Mascaro Ier, hors de Nigra. — Nigra (voir pedigree n° 914).

2170. FRIVOLE, lice d'Artois, à M. de Quandalle.

Pedigree : FRIVOLE, née en 1882 chez le propriétaire. Par Timideau, hors de Rigolette.

2171. LA FLÈCHE, lice d'Artois, à M. de Quandalle.

Pedigree : LA FLÈCHE, née en 1882 chez le propriétaire. Par Printaneau, du chenil de M. Desvignes (Sarthe), hors de Tambelle. — Tambette (voir pedigree n° 2039).

2172. COURTILLE, lice d'Artois, à M. de Quandalle.

Pedigree : COURTILLE, née en 1882 chez le propriétaire. Par Printaneau, du chenil de M. Desvignes (Sarthe), hors de La Ciguë. — La Ciguë (voir pedigree n° 2168).

2173. CANCHE, lice d'Artois, à M. de Quandalle.

Pedigree : CANCHE, née en 1882 chez le propriétaire. Par Printaneau, du chenil de M. Desbordes, hors de La Ciguë. — Printaneau, par Figaro, hors de Ravissante. — La Ciguë, par Carillon, hors de Bricole.

2174. RAVAUDE, chien d'Artois femelle, à M. Henri Desbordes, à Avize (Marne).

Pedigree : RAVAUDE, née le 16 mai 1877 chez M. Desbordes, à Avize (Marne). Par Printaneau, de l'équipage de M. le comte de Fouler, hors de Tambelle, à M. Flour.

2175. PRINTANEAU, chien d'Artois mâle, à M. Henri Desbordes, à Avize (Marne).

Pedigree : PRINTANEAU, né le 6 mai 1879 chez M. Desbordes, à Avize (Marne). Par Figaro, hors de Ravissante. — Figaro, du chenil de M. Flour. — Ravissante, par Ribaud, à M. Machard, hors de Tambelle, à M. Machard.

CHIENS COURANTS BATARDS

2176. SALOMÉ, bâtard anglo-saintongeois femelle, à M. Chambry, à Blois (Loir-et-Cher).

Pedigree : SALOMÉ, née le 2 juin 1879 chez M. Chambry, à Montierender (Haute-Marne). Par Mène-à-Mort, hors de Déjanire. — Mène-à-Mort, né chez M. Billuard, à Buzancy (Ardennes), par Solitaire, hors de Rachel. — Déjanire, née au chenil de Combas, par Magnac-Bourg (Haute-

Vienne), chez M. de Veuville, par Clodion, hors de Volage.
— Solitaire, né chez M. de Veuville, à Combas, par Raimbaud, hors de Regane. — Rachel, du chenil de M. Lecointre, par Fabius, hors de Chanterelle. — Clodion, du chenil de Mios (Gironde), par Roméo, hors de Fringante. — Volage, du chenil de Combas (Haute-Vienne), par Tancrède, hors de Moresque II. — Raimbaud, du chenil de Persac, par X, hors de Chimène. — Regane, du chenil de Combas, par Roméo (anglais), hors de Moresque II. — Fabius, par Talbot, hors de X... — Chanterelle, du chenil de M. Preaulx, par X... (anglais), hors de Royale, à M. Hubert de la Borderie. — Roméo, du chenil de Mios, par Annibal, hors de Royale. — Fringante, du chenil de Mios. — Tancrède, du chenil de Combas, né chez M. de Belabre, par Rochester, du chenil de Combas, hors de Gazelle, à M. de Belabre. — Moresque II, du chenil de Combas, par Calchas, du chenil de Persac, hors de Moresque Ier, du chenil de Persac.

(2029). VOLONTAIRE, étalon, bâtard anglo-saintongeois, à M. A. Bardin, à Franqueville, par Boos (Seine-Inférieure).

Pedigree : VOLONTAIRE, né en 1877, chez M. A. Bardin, par Auricula, hors de Sauterelle. — Sauterelle, née en 1873, par Chassepot, pur saintongeois, hors de Nilson, lice anglaise.

VOLONTAIRE, 2e prix des bâtards de grande taille. Exposition des Tuileries, 1882 (S. B. C., n° 2029).

(920). ROUMARE, lice, bâtarde anglo-saintongeoise, à M. A. Bardin, à Franqueville, par Boos (Seine-Inférieure).

Pedigree : ROUMARE, née en 1878, chez M. Bardin, par Merveillo, bâtard saintongeois, hors de Camargo, lice, bâtard saintongeois.

ROUMARE, 1er prix des bâtards de grande taille. Exposition des Tuileries, 1881 (S. B. C., n° 920).

SETTER GORDON

2177. ROVER II, étalon, setter-gordon, noir et feu, à M. Siegmund, à Bâle (Suisse).

Pedigree : ROVER II (D. H. S. B., n° 568), né le 22 juin 1880, chez M. le professeur D. Metzdorf, à Proskau in Schlesien, par Rover (D. H. S. B., n° 567), hors de Nora (D. H. S. B., n° 586). — Rover, par Duke (D. H. S. B., n° 262), hors de Risk. — Nora, par Duke (D. H. S. B., n° 262), hors de Empress (D. H. S. B., n° 274). — Duke, par Lorne, hors de Bloom. — Empress, par Young-Dan, hors de Kate.

SETTERS D'IRLANDE

2178. ROCK, setter rouge d'Irlande mâle, à M. F. Duflos, château de Saint-Josse, près Montreuil-sur-Mer (Pas-de-Calais).

Pedigree : ROCK, né le 12 janvier 1875, au chenil du Jardin d'acclimatation du bois de Boulogne, à Paris. Par Ranger, setter rouge, étalon du Jardin, élevé chez M. Jobling de Morpeth, hors de Fan, lice setter rouge du Jardin.

2179. DAN, setter rouge d'Irlande mâle, à M. F. Duflos, château de Saint-Josse, près Montreuil-sur-Mer (Pas-de-Calais).

Pedigree : DAN, né le 31 janvier 1880, chez M. Émile Frechon, à Arras, par Champion-Ronald (K. C. S. B., n° 6159), hors de Lady-Mary, élevée par le colonel Edwards, de Tixley-Park, certificat d'origine de MM. C. et H. Mason. — Champion-Ronald, par Champion-Lang (K. C. S. B., n° 1601), hors de Champion-Norah (K. C. S. B., n° 1670).

POINTERS

2180. LADY-BETZY, pointer femelle marron tiquetée de blanc, à M. Arthur Girard, à Ruffec (Charente).

Pedigree : LADY-BETZY, née en 1879, au chenil de M. le vicomte d'Hardivilier, cédée à M. H. Fallières ; propriétaire actuel, M. Arthur Girard. Par Stop, pointer blanc et marron importé d'Angleterre, hors de Phann, pointer blanc et orange importée d'Angleterre.

(940). Drack, pointer étalon blanc à larges plaques noires, tiqueté, à M. P. Barreyre, à Châteaumeillant (Cher).

Pedigree : Drack, né le 9 mai 1879 chez M. Barreyre, à Châteaumeillant (Cher), par Pilote, pointer importé d'Angleterre par M. le marquis Du Bourg, hors de Moos, pointer élevée chez M. Barreyre. — Pilote, par Carlo, hors de Clyde, pointer, à M. Napoléon Dora. — Moos, par X..., hors de Pelote, pointer née chez M. le marquis Du Bourg, élevée chez M. Barreyre. — Carlo, par Scot, importé d'Angleterre par M. le marquis Du Bourg. — Pelote, par X..., hors de Lass, pointer importée par feu M. le marquis Du Bourg.

Drack, prix d'honneur à l'Exposition des Tuileries, à Paris, 1881.

(941). Chot, lice pointer, blanche à larges plaques noires, sœur de Drack, à M. Barreyre, à Chateaumeillant (Cher).

Pedigree : Chot, née le 9 mai 1879, par Pilote, hors de Moos. (Même pedigree que Drack.)

Chot, 1er prix à l'Exposition des Tuileries, Paris 1881.

BASSETS

(938). Furette, bassette griffonne femelle à poils jaunes, à M. Guerlain, 19, rue Legendre, Paris. 2e prix. Exposition des Tuileries à Paris, 1881.

Pedigree : Furette, née en 1875, chez M. Guerlain, à Colombes (Oise), par Riquet, hors de Musique. — Musique, par Favori, hors de Mirza. — Mirza, par Tambourin, hors de Comtesse.

ALLEMAGNE

*Points devant servir de bases aux chiens de race allemande
adoptés par le Comité du Deutsches Hund-Stammbuch, Berlin 1878 (1).*

ALPENHUND

Chien des Alpes, nommé autrefois Saint-Bernard.

Observation. — Par suite de la constatation officielle de la dispa-
rution complète du chien Saint-Bernard, nos sociétés kynologiques
ont accepté la dénomination officielle de « Chien des Alpes » et,
lors de l'Exposition de Berlin, au mois de mai 1878, une commis-
sion de sept membres fut chargée de déterminer définitivement les
points devant servir de bases aux expositions futures et la race fut
divisée en :

CHIEN DES ALPES A LONGS POILS :

Tête : Très forte en proportion du corps; l'occiput extraordinai-
ment large et haut.

Museau : Longueur moyenne, de profil très large, de sorte que
le diamètre du museau, dans les environs du coin de l'œil, surpasse
la longueur jusqu'à l'extrémité du museau. Babines pendantes.

Oreilles : Moyennes, très larges en haut, diminuant en pointes;
collées à la tête et couvertes de poils longs.

Œil : Grand, plein d'expression, il ne doit pas être proéminent,
ni être trop enfoncé dans son orbite.

Cou : Très fort, large, de longueur moyenne.

Poitrine : Large et profonde.

Dos : Presque droit; au garot et aux hanches de même hauteur
et baissant un peu à l'attache de la queue.

---

(1) M. U. Marais a bien voulu nous faire cette traduction, nous lui en
sommes très reconnaissants.   (*La Rédaction.*)

Queue : Longue, pendant presque à terre ; se courbant légèrement vers le haut à son extrémité, mais pas en forme de trompette et pas trop bas attachée.

Pattes du devant : Fortes, droites, le pied large.

Pattes de derrière : Légèrement courbées à la brisure.

Poils : Longs, épais, légèrement ondulés, jamais frisés. Au cou, le poil forme une forte crinière et il atteint sa plus grande longueur à la queue. La tête doit être couverte de poils courts et épais. Le poil doit être long aux oreilles et à l'intérieur des pattes du devant et aux cuisses.

Couleur : Gris-loup, aux pattes, jaunâtre ; en outre, jaune, couleur du lion, jaune-gris et blanc tacheté d'une de ces couleurs. Jamais noir, à l'exception de la couleur foncée à la tête ou à l'extrémité des poils.

Proportions : Chien, pas au-dessous de 70 centimètres à l'épaule. Chienne, pas moins de 65 centimètres. Allongé de sorte que la longueur du corps, mesurée horizontalement, dépasse un peu la hauteur à l'épaule.

Chien des Alpes a poils courts :

A la même forme et les mêmes couleurs ; le poil sur tout le corps est demi-long et non ondulé.

LANGHAARIGE HUEHNERHUND
Épagneul allemand.

Apparence générale : Le plus souvent, taille au-dessus de la moyenne, fort, un peu long, coffre en forme de coin et moins rond que chez le braque allemand. Les muscles de l'épaule et de la cuisse sont aussi moins développés que chez ce dernier. La tête et le cou le plus souvent hauts ; la queue horizontale jusqu'au milieu, se courbant légèrement en haut. Les longs poils tombent droit de chaque côté du corps. Expression intelligente, gai, doux ; marche légère et presque sans bruit.

Tête : Allongée, cependant pas lourde ; occiput large, légèrement arrondi, derrière de la tête et attache du cou plus prononcés que chez le braque. Le museau dans de bonnes proportions avec le derrière de la tête, le nez large non rétréci entre les yeux et s'accentuant doucement jusque sur la tête. De profil, le museau paraît moins court que chez le braque, le nez légèrement voûté et presque droit. Les babines bien tombantes avec un pli très prononcé au coin de la gueule.

Oreilles : De longueur moyenne, larges, arrondies par le bas et attachées dans toute leur largeur et tombant droit sans aucun pli de chaque côté de la tête.

Œil : Clair, ni proéminent, ni trop enfoncé dans l'orbite.

Cou : Fort, un peu plus long que chez le braque ; un peu courbé à l'attache de la tête et s'élargissant peu à peu jusqu'à la poitrine.

Dos : Court et légèrement voûté sur les reins ; la croupe courte et modérément tombant.

Poitrine et ventre : La poitrine beaucoup moins large que chez le braque et les côtes descendant plus bas que chez ce dernier. Le ventre à l'arrière remontant bien.

Queue : Longueur moyenne, forte à l'attache et allant en diminuant, droite jusqu'au milieu et, de là, se relevant fortement. Bien garnie de poils.

Pattes de devant : L'épaule moins bien attachée que chez le braque. La patte droite, le pied large, attaché droit et de même que les coudes, ne tournant pas au dehors.

Pattes de derrière : Les fesses moins fortement développées que chez le braque ; l'angle des cuisses modéré, l'attache du pied presque droite, pas trop placé sous lui et la patte ne tournant ni à droite, ni à gauche.

Pieds : Rond, cependant un peu plus allongé que chez le braque ; les doigts modérément arqués et bien serrés ; les ongles forts, bien arqués, les soles grandes et rudes.

Poil : Longs, soyeux, doux et brillants, légèrement ondulés (non frisés) à la tête courts, épais et doux ; aux oreilles en bas et derrière tombants, donnant aux oreilles une plus grande dimension qu'elles n'ont en effet. A la gorge, au cou, à la poitrine et au ventre les poils forment une espèce de jabot laineux ; à l'intérieur des pattes, du coude jusqu'au pied et à la culotte, les poils sont ondulés ; entre les doigts, les poils sont épais et doux. Sous la queue, les poils vont en augmentant de longueur jusqu'à la moitié, pour se raccourcir ensuite peu à peu jusqu'au bout.

Couleur : Brun, yeux clairs, et bandeau blanc du cou à la poitrine ; blanc avec plaques brunes ou jaune gris mêlé de brun, rarement noir ou blanc moucheté de noir.

On considère comme défaut chez l'épagneul allemand : le nez voûté ou relevé ; le poil frisé ou laineux, le poil court aux oreilles, la queue trop relevée et portée sur le dos. Une queue dégarnie de poils ou ayant trop de poils à son extrémité. Les pattes de devant tournées au dehors et les doigts ouverts ou insuffisamment garnis de poils. Les pattes de derrière tournées trop à l'intérieur ou au dehors, à la façon des vaches. Enfin, trois couleurs dans la robe.

KURZHAARIGE HUEHNERHUND
Braque allemand.

Apparence générale : Taille moyenne et au-dessus, charpente forte, un peu longue et carrée. Pendant la marche, la tête et la queue élevées ; pendant la quête, portées horizontalement. Physionomie intelligente, sérieuse au repos, amicale en mouvement.

Tête : Moyenne, pas trop lourde. Le haut de la tête large, légèrement voûté ; la nuque légèrement développée ; le nez dans de bonnes proportions avec la tête ; la face dorsale du nez large, pas rétrécie entre les yeux. Le devant de la tête se relevant progressivement, mais non brusquement. De profil, le museau paraît large et court ; la face dorsale du nez légèrement voûtée ou presque droite (pas ronde). Les babines bien tombantes, formant aux coins de la gueule de forts plis.

Oreilles : De longueur moyenne, larges et arrondies à leur base, au sommet bien attachées dans leur largeur et tombant droit sans plis.

Œil : Légèrement ovale, de grandeur moyenne, ni proéminent, ni enfoncé. Les paupières bien régulières.

Cou : De longueur moyenne, fort, légèrement voûté à la nuque, s'élargissant peu à peu, par en bas, jusque dans toute la largeur de la poitrine. La peau du cou lâche, formant tout au plus un léger pli.

Dos : Large, légèrement voûté aux reins ; croupe courte s'abaissant modérément.

Poitrine et ventre : Poitrine large, corps long, rond, le ventre se relevant modérément vers le derrière.

Queue : Lougueur moyenne, droite ou se relevant légèrement, très forte à l'attache, se rétrécissant peu à peu sans être pointue à l'extrémité ; au-dessous, les poils sont plus longs et plus durs, sans cependant être trop longs.

Pattes de devant : Épaule très musculeuse, les coudes (?) ne doivent être tournés ni à l'intérieur, ni à l'extérieur ; la patte doit être droite, très forte ; le pied doit être large et tourné ni au dedans ni au dehors.

Pattes de derrière : Les cuisses très musculeuses, bien garnies de poils, ni trop droites, ni trop courbées. L'attache du pied très droite ; vues par derrière, les pattes doivent être droites, c'est-à-dire, tournées ni au dedans ou au dehors.

Pied : Rond, les doigts légèrement voûtés et serrés ; les ongles très arrondis ; les soles fortes et dures.

Poil : Dur et épais ; à l'oreille, plus court et plus doux ; sous le ventre et sous la queue un peu plus dur, cependant pas beaucoup plus long.

Couleur : Blanc avec de grandes plaques brunes, ou blanc et brun, ou tacheté de jaune, plus rarement noir, entièrement brun ou moucheté de noir, œil couleur noisette ; chez les chiens bruns, la couleur est plus claire.

Chez le braque allemand, nous considérons comme un défaut : une construction lourde, une tête trop forte avec des plis sur le front, le derrière de la tête conique ; les oreilles trop longues avec plis et trop épaisses, l'orbite découvert montrant le rouge au coin de l'œil ; des plis sous le cou, un dos courbé, des pattes non droites, un pied plat et des doigts écartés ; une queue se relevant trop, ou garnie de trop de poils.

Quant à la couleur, on doit autant que possible rejeter le noir ; le tricolore doit être écarté. L'ergot n'est pas à considérer comme signe de race et doit être plutôt rejeté.

DER DACHSHUND ou TECKEL

Chien pour la chasse souterraine du renard (basset allemand).

Apparence générale : Charpente très longue, bas sur pattes, le devant du corps très développé, les pattes extraordinairement courtes ; les pattes de devant tournées à l'intérieur jusqu'au genou, et à l'extérieur jusqu'aux doigts. Il ressemble à une belette ; la queue courbée et au pas courbée en haut ou pendante. Le poil court et tombant à plat. Expression intelligente, très attentif et gai. Le poids est, au plus, de 10 kilog.

Tête : Longue et effilée, vue d'en haut, la partie la plus large est l'occiput, se rétrécissant insensiblement vers le museau et ne se relevant pas brusquement sur le nez, çomme chez le chien d'arrêt. Le haut de la tête large et voûté ; vue de profil, la face dorsale du nez paraît légèrement voûtée ou presque droite. Le museau se termine en pointe, la lèvre ne pend que légèrement, formant cependant un pli au coin de la gueule.

Oreilles : De longueur moyenne, assez larges, arrondies en bas, attachées haut et en arrière de sorte que l'espace entre l'œil et l'oreille paraît plus grand que chez le chien de chasse. Les oreilles doivent être sans plis et tomber pendantes, collées contre la tête.

Œil : De grandeur moyenne, rond, clair, le blanc peu apparent, sévère et plein d'expression.

Cou : Long, remuant, vu d'en haut large et fort, ne formant point équerre avec l'épaule, mais allant en se rétrécissant, de la poitrine à la tête. La peau du cou non tendue sans former de plis.

Dos : Très large et légèrement voûté dans la partie des reins, croupe courte.

Poitrine et ventre : La poitrine large, les côtes très longues ; le ventre arqué dans la partie du derrière.

Queue : De longueur moyenne, à l'attache encore assez forte se rétrécissant en pointe vers l'extrémité, presque droite ou légèrement courbée en haut ou tombant droite.

Pattes de devant : Beaucoup plus fortes que celles de derrière ; les épaules à muscles très forts ; l'avant-bras très court, fort et tourné au dehors, les genoux tournés un peu au dedans. Les doigts des pieds tournés au dehors, ce qui, vu de face, donne au pied de devant la forme d'un *s*. Vu de profil, cependant, les pattes de devant paraissent droites, ne tombant point au genou et ne montrant que les doigts tournés au dehors.

Pattes de derrière : Plus raides que chez les autres chiens; les cuisses munies de muscles très forts et, vues de profil et de derrière, tombant presques droites.

Pieds : Ceux de devant beaucoup plus forts que ceux de derrière, larges, rudes, les doigts bien serrés les uns contre les autres et munis d'ongles forts, courbés et de couleur noire, le thénar gros et rude; les pieds de derrière plus petits, les doigts et les ongles plus courts et droits.

Poils : Courts et collés droits, élastiques et brillants, se terminant en pointe. Aux oreilles, très courts et fins, et sous la queue plus longs et grossiers, mais collés et non en forme de brosse; il en est de même des poils le long des côtes, qui doivent être plus durs et bien couvrir le corps.

Couleur : Noir avec feu à la tête, au cou, à la poitrine, au ventre, aux pattes et sous la queue; en outre, brun foncé, brun clair, gris clair, les poils du dos plus foncé, gris cendré, gris argenté à taches plus foncées. Dans les couleurs foncées, on rencontre presque toujours la couleur feu; cependant, chez ces chiens à couleurs claires, le nez et les ongles doivent être, autant que possible, noirs et les yeux foncés; il ne doit y avoir de blanc qu'une petite ligne sur la poitrine.

Mâchoire : La partie supérieure doit se joindre parfaitement à la partie inférieure, de sorte que les crocs de la partie inférieure ne doivent projeter ni en avant ni en arrière de ceux de la partie supérieure. La mâchoire doit être forte, les dents serrées, les crocs de la mâchoire supérieure doivent être encore plus forts que chez les autres chiens. On doit considérer comme défectueux, chez le dachshund : le haut de la tête étroit ou conique, un museau trop court ou trop étroit, des lèvres trop longues, des oreilles à plis et longues, un cou allongé, une poitrine étroite, des pattes de devant irrégulièrement tournées, ou un torse trop prolongé de l'avant-bras ne pouvant supporter facilement le poids du corps; des doigts non serrés et un pied mal attaché. Les pattes de derrière avec de trop longs avant-bras donnant à l'animal une démarche semblable à la vache; de plus, une queue trop longue et trop lourde, trop courbée ou garnie de poils trop longs. La couleur blanc, soit comme couleur fondamentale ou accessoire (à l'exception de la poitrine), doit être toujours considérée comme défectueuse.

DER SCHWEISSHUND
Limier allemand.

Apparence générale : Taille moyenne ou un peu au-dessous, de construction forte, un peu basse et longue, sur le derrière un peu plus élevée. La tête et la queue rarement portées haut, mais le plus souvent horizontalement ou de côté; expression sérieuse.

Tête : Moyenne, le haut de la tête large, plat et voûté, le front à plis faibles. La partie du museau en proportion de celle de la tête. L'os alfactif modérément prononcé. Le nez plus large que dans les autres races, noir et aussi rouge. L'os du nez devant les yeux se se rétrécissant ou se renfonçant; de profil, le dos du nez paraît légèrement voûté ou presque droit, jamais arrondi. Les cils sont forts et longs. Le museau est court, les lèvres larges tombant en plis au coin de la gueule.

Oreilles : Un peu plus que moyennes, très larges, arrondies au bas, attachées haut et dans toute leur largeur, tombant à plat et sans pli tout près de la tête, ne tombant point en arrière en relevant la tête.

Yeux : Clairs, sortant de la tête, ne montrant point de rouge au coin, expression marquée et énergique.

Cou : Long, fort, s'élargissant en se rapprochant de la poitrine; la peau du cou non tendue sans cependant former des plis.

Dos : Long, s'abaissant un peu derrière les épaules; dans les reins larges et légèrement voûtés, la croupe tombant en s'inclinant.

Poitrine et ventre : Poitrine large, charpente profonde et longue, le flanc légèrement courbé.

Queue : Longue, tombant jusqu'à la moitié du jarret et du pied, à l'attache très forte et diminuant jusqu'à l'extrémité presque droite, munie en-dessous de poils longs et durs sans forme de brosse et le plus souvent pendante.

Pattes de devant : Plus fortes que celles de derrière, les épaules attachées de côté et très élastiques. Les muscles de l'épaule très développés ; l'avant-bras du pied droit ou bien légèrement courbé, pourvu de muscles très forts. Les pieds larges et droits.

Pattes de derrière : Les cuisses modérément développées, longues et bien culottées. Le pied presque droit.

Pied : Rude, rond, avec doigts courbés et serrés. Les ongles forts, crochus. La corne grosse et rude.

Poil : Épais et serré, élastique et plat avec nuances soyeuses.

Couleur : Brun gris, ressemblant au poil d'hiver des cerfs ; brun noir au museau, aux yeux et aux oreilles, brun-roux, jaunâtres, jaune d'ocre ou brun mêlé de noir, le plus souvent avec la couleur foncée au museau, aux yeux et aux oreilles, et aussi avec une ligne noire sur le dos.

Comme défectueux, on considère, chez le limier allemand : un dessus de tête étroit, un museau de dogue, nez étroit continuant dans la même largeur vers le front, des oreilles trop longues, trop étroites ou à plis ; des pattes faibles, l'avant-bras du pied courbe ou les pieds de basset ; une queue trop courte, trop mince, portée en haut et une charpente trop courte, trop haute, ou bien trop élevée sur le devant. Quant à la couleur, le blanc et le jaune ne sont pas admis.

EXPOSITION DES RACES CANINES

A MUNICH

(Mars 1883)

Sous le patronage de S. A. R. le prince Louis-Ferdinand de Bavière.

———

MEMBRES DE LA COMMISSION

Chargés de l'organisation de l'Exposition.

M. le comte Charles de Maldeghem, *président.* — MM. Pracher, Phierry, Merkel, Brey, König, Schmidt, W. Müller, Delcroix, *membres.*— M. le peintre Otto Grashey, *secrétaire-directeur.*

———

MEMBRES DU JURY

Pour les chiens de chasse de race allemande :

MM. Louis Beckmann, à Düsseldorf ; baron de Rauch, à Francfort-sur-le-Mein ; L. Brey, à Munich.

Pour les chiens de chasse de races étrangères :

MM. E. Meyer, à Hanovre ; comte de Seinsheim, à Taufkirchen ; de Plotho, à Parey-sur-Elbe.

Pour les chiens de garde, de montagne, de luxe et d'appartement :

MM. Gustave Lang, à Stuttgart ; Sondermann, à Munich ; Delcroix, à Munich.

404 chiens exposés, 21 prix d'honneur.

———

LISTE DES CHIENS PRIMÉS

——

1re Division. — *Chiens de chasse.*

SCHWEISSHUNDE (LIMIERS ALLEMANDS) (CHIENS)

Nimrod, à S. A. le prince de Thurn et Taxis, 1er prix, du Cercle de la chasse, à Munich, 100 marks.

Silvan, à M. le comte Rex, prix d'honneur du Cercle de la chasse de Nuremberg, 75 marks.

Hirschmann, à M. le baron de Karg Bebenburg, prix (extra) du Cercle pour les Schweisshunde, race de montagne.

SCHWEISSHUNDE (CHIENNES)

Diana, au Cercle du Suddeuscher-Verein, 1er prix.

DACHSHUNDE (BASSETS)

Dackel, à M. le docteur Prenner, avocat royal, 1er prix, 30 marks.

Waldmann } couplés, à M. de Gumppenberg, 1er prix *ex æquo*
Diana } du Cercle, 30 marks.

BRAQUES ALLEMANDS (CHIENS)

Hector IV, à M. Kramer, 1er prix, 100 marks. Prix d'honneur du Cercle, à Hanovre.

Bento, à M. H. R. Lippmann, 1er prix. Prix d'honneur du Cercle de la chasse, à Munich.

Hector, à M. G. Hürner, 2e prix, 50 marks.

Hector, à M. L. Brey, 2e prix.

BRAQUES ALLEMANDS (CHIENNES)

HOLDA, à M. Lippmann, prix d'honneur donné par le Cercle de la chasse de Pfälz.

SALLY, à M. Georges Hürner, prix d'honneur donné par M. Lippmann, 50 marks.

ÉPAGNEULS ALLEMANDS (CHIENS)

MYLORD II, à M. Gust. Borchers, 1er prix, 200 marks, donné par le prince de Thurn et Taxis.

FELDMANN, à M. Willi Griebel, 2e prix a, 50 marks, acheté avant les récompenses par M. Max Siber, à Sihlwald, Laugnau am Albis (Suisse).

BRUNO II, à M. H. Lauffs, 2e prix b, 25 marks.

TELL II, à M. C. Reichel, 2o prix c, 25 marks.

JANKO, à M. Jules Heyn, mention honorable.

TYRASS, à M. L. Rauchenberger, mention honorable.

FELDMANN, à M. Ch. Baermann, mention honorable.

ÉPAGNEULS ALLEMANDS (CHIENNES)

DIANA II, à M. Gustave Borchers, 1er prix et prix d'honneur du comte de Maldeghem, 150 marks.

DIANA, au Cercle du Süddeutscher Verein, 2e prix a, 50 m.

DIANA, à M. Heinrich Friedmann, 2e prix b, 25 marks.

GRIFFONS ALLEMANDS

TELL, à M. Anton Burger, 1er prix et prix d'honneur de M. le baron Karg-Bebenburg, 100 marks.

HECTOR, à M. Frédéric Bontant, 1er prix b, du Cercle, 25 marks.

POINTERS (CHIENS)

GUNNER, à M. Max Taets de Amerongen, à Bessungen, près Darmstadt (D. H. S. B., no 762).

Pedigree : GUNNER, deux ans et demi, né le 10 juin 1880, blanc et taches marron, chez M. Thomas Lennard (Angleterre), par Young-Bang (K. C. S. B., n° 4994), hors de Teal. — Teal, par Mars (K. C. S. B., n° 914), hors de Lill (K. C. S. B., n° 1198). Gunner a obtenu : 1er prix, Spa 1882. 1er prix, Hanovre 1882. Prix d'honneur, Hanovre 1882. 2° prix, Clèves 1881. 2° prix des chiots Cambridge 1881. 2° prix, Breslau 1881. 2° prix, Berlin 1882.

BOSS, à M. Max Taets de Amerongen, à Bessungen, près Darmstadt, 2° prix.

Pedigree : BOSS, deux ans, éleveur M. Sam Price (Angleterre), blanc avec taches marrons, par Statters-Pax, hors de Climax.

FLOCK, à M. de Gienant, 3° prix.

Pedigree : FLOCK, âgé de treize mois, blanc avec taches marron, éleveur S. A. le prince de Solms-Braunfels, par Naso II, hors de Young-Flounee. — Naso II (K. C. S. B., n° 8123), par Naso (K. C. S. B., n° 7087), hors de Miranda II.

TOTILA, à M. le comte Arco-Zinneberg, 3° prix.

Pedigree : TOTILA, âgé de dix mois, blanc avec taches marrons, éleveur M. Max Taets de Amerongen, par Gunner, hors de Blanche-of-Devon. — Gunner (D. H. S. B., n° 762), par Young-Bang, hors de Teal.

POINTERS (CHIENNES)

LA VOLE, à S. A. le prince de Solms-Braunfels, 1er prix et prix d'honneur donné par S. A. R. le duc de Leuchtenberg.

Pedigree : LA VOLE (K. C. S. B., n° 11331), éleveur M. Lloyd Price, blanc et marron, âgée de deux ans et et neuf mois, par Luck-of-Edenhall (K. C. S. B., n° 9022), hors de Belle-Faust (K. C. S. B., n° 10058). Prix d'honneur à Spa 1882.

BLANCHE-OF-DEVON, à M. Max Taets de Amerongen, à Bessungen, près Darmstadt, 2° prix.

Pedigree : BLANCHE-OF-DEVON, deux ans et demi, blanc et orange, éleveur M. F. Lowe (Angleterre), par Old-Champion-Bang, hors de Princesse-Kate.

SABINE, à M. le comte Arco-Zinneberg, 3ᵉ prix.

Pedigree : SABINE, âgée de deux ans, éleveur S. A. le prince de Solms-Braunfels, blanc et taches marron, par Burstone (D. H. S. B., n° 749), hors de Prima-Donna. — Burstone, par Bang, hors de Luna. — Prima-Dona, par Don Juan, frère de Don (K. C. S. B., n° 4201).

CONSERVATIVE, à M. Max Taets de Amerongen, 3ᵉ prix.

Pedigree : CONSERVATIVE, deux ans, blanc et taches marron, éleveur M. Sam Price (Angleterre), par Jory, à M. Pelkingtown, hors de Juno (K. C. S. B., n° 9047).

MISS, à M. Carl Böhm, 3ᵉ prix, éleveur M. Häcker, deux ans, jaune avec les extrémités blanches, venue d'Angleterre, sans pedigree, la mère a eu un 1ᵉʳ prix à Vienne.

SETTERS ANGLAIS (CHIENS)

YOUNG-BLUE-PRINCE, à S. A. le prince de Solms Braunfels, 1ᵉʳ prix et prix d'honneur (bronze d'art) de M. le comte de Seinsheim.

Pedigree : YOUNG-BLUE-PRINCE, trois ans et demi, blanc et taches noires, éleveur M. M. Browne, par Tam-O'Shanter (K. C. S. B., n° 6118), hors de Fussy (K. C. S. B., n° 7203). 2° prix, Hanovre 1882. 1ᵉʳ prix et prix d'honneur Spa 1882, pour toutes les classes de setters.

PONTO, à M. de Pechmann, 2° prix, à Mühldorf am Inn (D. H. S. B., n° 832).

Pedigree : PONTO, deux ans et demi, blanc et noir, éleveur S. A. le prince de Solms-Braunfels, par Rake (D. H. S. B., n° 523), hors de Rum (D. H. S. B., n° 249).— Rake, par Champion-Rock (K. C. S. B., n° 4280), hors de Rum (K. C. S. B., n° 1555). — Rum, par Shot, hors de Rumage. — Shot, par Jock, hors de Belle (K. C. S. B., n° 5403). — Rumage, par Champion-Rock, hors de Rum.

Osman, à M. Carl Schultze, 3ᵉ prix, éleveur S. A. le duc Nicolas de Leuchtenberg, blanc et jaune, pedigree inconnu, quatre ans.

Rock, à M. Max de Klenze, 3ᵉ prix.

Pedigree : Rock, dix mois, noir et blanc, éleveur M. le comte de Seinsheim, par Count (D. H. S. B., n° 513), hors de Perle (D. H. S. B., n° 245). — Count, par Champion-Rock (K. C. S. B., n° 4280), hors de Dream (D. H. S. B., n° 227). — Perle (K. C. S. B., n° 8219), par Tam-O'Shanter (K. C. S. B., n° 6118), hors de Lerna.

SETTERS ANGLAIS (CHIENNES)

Daphné, à S. A. le prince de Solms-Braunfels, 1ᵉʳ prix et prix d'honneur (bronze d'art) donné par M. de Klenze.

Pedigree : Daphné, cinq ans (K. C. S. B., n° 8203) (D. H. S. B., n° 533), blanche avec taches noires, éleveur M. M. Brewis (Angleterre), par Champion-Dash (K. C. S. B., n° 5030), hors de Duchesse. — Daphné a eu le 2ᵉ prix, Berlin 1880. 2ᵉ prix, Elberfeld 1880. Prix d'honneur et 1ᵉʳ prix, Clèves 1881. 1ᵉʳ prix, Spa 1882.

Countess-of-Kent, à M. Max Taets von Aremongen, 2ᵉ prix.

Pedigree : Countess-of-Kent, deux ans et demi, blanche avec taches noires, éleveur M. Salter (Angleterre), par Tam-O'Shanter (K. C. S. B., n° 6118), hors de Countess. — Countess, par Bob-Roy (K. C. S. B., n° 1417). — Countess-of-Kent a obtenu 3ᵉ prix, Clèves 1881.

Perle, à M. le baron de Moreau, 3ᵉ prix (D. H. S. B., n° 245).

Pedigree : Perle, quatre ans et demi, noir et blanc tigré, éleveur M. Earl Banstead, par Tam-O'Shanter (K. C. S. B., n° 6118), hors de Lerna. — Lerna, par Jack (K. C. S. B., n° 5043). — Perle a eu 2ᵉ prix, Hanovre 1879. 3ᵉ prix, Hanovre 1879.

Fussy, à M. le lieutenant Rüdiger, 3ᵉ prix (D. H. S. B., n° 845).

Pedigree : Fussy, un an et demi, éleveur le propriétaire, blanche et noire, par Dash (D. H. S. B., n° 184), hors de Princess (D. H. S. B., n° 246). — Dash (K. C. S. B., n° 9071), par Tam-O'Shanter (K. C. S. B., n° 6118), hors de Fussy (K. C. S. B., n° 7203). — Princess, par Fred III (K. C. S. B., n° 1374), hors de Judy.

SETTERS IRLANDAIS

Champion-Dot, M. Max Taets von Amerongen, 1er prix et prix d'honneur donné par S. A. R. le prince Louis-Ferdinand.

Pedigree : Champion-Dot, trois ans, rouge acajou, éleveur M. Salter (Angleterre), par Whisper (K. C. S. B., n° 8280), hors de Sapho (K. C. S. B., n° 8292). — Whisper, par Sanko, hors de Gypsy. — Sapho, par Basto (K. C. S. B., n° 4325), hors de Piggy.

Hector, à M. Georges Kurz, 3° prix, huit ans, rouge pâle, tiqueté blanc.

SETTERS IRLANDAIS (CHIENNES)

Pamela, à S. A. le prince de Solms, 2° prix (D. H. S. B., n° 910).

Pedigree : Pamela, six ans, rouge avec tache blanche, éleveur M. Macdona (Angleterre), par Champion-Palmerston (K. C. S. B., n° 5038), hors de Bell (K. C. S. B., n° 620). — Pamela a eu le 1er prix, Hanovre, 1879. 2° prix, Clèves, 1881.

Nora, à M. le lieutenant E. Meier, 3° prix.

Pedigree : Nora, deux ans, éleveur M. Max de Amerongen, par Dot, hors de Quail II (K. C. S. B., n° 10338). — Dot (D. H. S. B., n° 896), par Whisper (K. C. S. B., n° 8280), hors de Sapho (K. G. S. B., n° 8292). — Quail II (D. H. S. B., n° 911), par Duff, hors de Quail. — Duff, par Palmerston (K. C. S. B., n° 5438), hors de Sheelah (K. C. S. B., n° 6229).

SETTERS GORDON

Bishop, à S. A. le prince de Solms-Braunfels, 1er prix et prix d'honneur (bronze d'art) donné par M. Thierry.

Pedigree : Bishop, trois ans et demi (K. C. S. B., no 10235), éleveur M. L. Parsons, noir avec extrémités feu, par Champion-Bob (K. C. S. B., no 8230), hors de Bangle. — Bangle, par Champion-Duke (K. C. S. B., no 1592), hors de Moll (K. C. S. B., no 7249). — Bishop a eu le 1er prix, Londres, 1880. 1er prix, Londres, 1882. 1er prix, Spa, 1882.

Lore, à MM. le comte de Hegnenberg et Camille Thierry, 2e prix, noir mal teint, élevé par les propriétaires, deux ans et neuf mois, par Baldy. — Baldy, par Old-Jock.

Roderick, à M. Georges Kurz, 3e prix.

Rock, à M. de Schätzler, 3e prix.

Don, à M. J. Kaiser, 3e prix.

SETTERS GORDON (CHIENNES)

Dido, à MM. le comte de Hegnenberg et Camille Thierry, 1er prix et prix d'honneur de M. Brey, 100 marks.

Pedigree : Dido, deux ans et neuf mois, éleveurs les propriétaires, noir mal teint, par Nell. — Nell, par Ruben II. — Ruben II, par Lang.

Belle, à S. A. le prince de Solms, 2e prix.

Pedigree : Belle, un an et demi, noir extrémités feu, par Donald (K. C. S. B., no 11476), hors de Empress.

Cora, à M. J. Kaiser, 3e prix, âgée de dix mois, par Loon, hors de Dido.

DACHSHUNDE (BASSETS) A POIL RAS
au-dessous de 10 kilos.

Waldmann, à M. le lieutenant Frommel, 1er prix et prix d'honneur de M. le comte Arco-Valley.

Dackl, à M. Max Huber, 2e prix et prix d'honneur donné par le Augsburg-Verein.

WALDMANN, à M. G. Seufert, 2º prix et prix d'honneur de
M. le comte de Maldeghen, 50 marks.
WALDMANN, à M. F. Riegel, 2º prix, 20 marks.
ERDMANN, à M. C. Burger, 2º prix, 20 marks.

DASCHSHUNDE (CHIENNES)

WALDINE, à M. G. Seufert, 2º prix, 30 marks.
DIANA, à M. Émile Meyer, 2º prix, 30 marks.
HELA, à M. Louis de La Roche, 2º prix, 30 marks.
WALDINE, à M. Burger, 2º prix, 30 marks.
DAJA, à M. E. Meyer, mention honorable.

PORTÉES DE CHIOTS

6 bassets de quatre mois, à M. Burger, 2º prix.
FLORA et 9 chiots, braques allemands à M. Louis Schmid,
2º prix.

CHIENS DE RACE ÉTRANGÈRE

WALDMANN II, briquet suisse à M. le docteur Machwuerth,
1er prix, 30 marks.

2º DIVISION. — *Chiens de garde.*

TERRE-NEUVE

HEKTOR, à M. Schüle, quatre ans et demi, mâle, élevé au
Jardin zoologique de Berlin, noir, 1er prix et prix d'hon-
neur de S. A. R. le prince Otto, 100 marks.
BELLA, à M. C. Burger, un an et demi, femelle, chenil de
Leonberg, noir, par Pascha, hors de Laura, 2º prix et
50 marks.
NERO, à M. Max Hartenstein, trois ans, mâle, noir, 3º prix.
CŒSAR, à M. Lang, chenil de Pluto, à Schwabing, mâle,
deux ans, blanc, mention honorable.

Lᴇᴀ, à M. Lang, deux ans, femelle blanche, mention honorable.

Mᴇʟᴀᴄᴇ, à M. Oscar Seif, mâle, deux ans et demi, noir avec étoile blanche et bout de la queue blanc, mention honorable.

Mᴀʀᴋᴏ, à M. A. Mederer, deux ans, jaune foncé avec taches blanches (race du Labrador), mention honorable.

CHIENS DES ALPES (SAINT-BERNARD), *à poil court.*

Yᴏᴜɴɢ-Bᴀʀʀʏ, à M. Hugo Freyberg, à Berlin, 1ᵉʳ prix et prix d'honneur dn Thierschutz-Verein de Munich, 100 m.

Pedigree : Yᴏᴜɴɢ-Bᴀʀʀʏ, mâle (D. H. S. B., nᵒ   ), trois ans, blanc avec marques rouges jaunes, éleveur M. le lieutenant Finck, par Barry, hors de Diana. — Barry (D. H. S. B., nᵒ 335), par Barry, hors de Hélène. — Young-Barry a eu le 2ᵉ prix, Hanovre, 1882.

Sᴜʟᴛᴀɴ, à M. E. Boss, 2ᵉ prix, hôtel de l'Ours (Baer), à Grindelwald, près Berne (Suisse).

Pedigree : Sᴜʟᴛᴀɴ, mâle, deux ans, blanc avec grandes taches brun clair, rayées sur tout le corps et la tête, par Pluto, hors de Blanca. — Pluto, par Sultan. — Blanca, par Berna.

CHIENS DES ALPES, *à longs poils.*

Gᴇssʟᴇʀ, à M. Henri Boppel, mâle, trois ans, rouge avec blanc, 1ᵉʳ prix et 50 marks.

Bᴀʀʀʏ, à M. Flurl, un an et neuf mois, jaune d'or, 2ᵉ prix.

Lᴇᴏɴ, à M. Joh Bayr, quatre ans, jaune avec poitrine blanche, mention honorable.

Bᴀʀʀʏ, à M. Joseph Echteler, quatre ans et demi, jaune d'or, 3ᵉ prix. 1ᵉʳ prix, Munich 1879.

Bʀᴜɴᴏ, à M. Dom. Biberger, cinq ans, jaune avec marques blanches, éleveur S. A. le prince de Solms-Braunfels, mention honorable. 1ᵉʳ prix, Munich 1880.

DOGUES ALLEMANDS

Grands danois et dogues de Bordeaux.

LÉO, à M. le docteur Caster, tigré, deux ans et neuf mois, 1er prix et prix d'honneur donné par S. E. le prince de Solms-Braunfels. 1er prix, Zurich, 1881. Prix d'honneur, Hanovre, 1882. Prix d'honneur, Spa, 1882.

(2003). PASCHA, à S. A. I. le duc de Leuchtenberg, 2e prix et 25 marks.

> *Pedigree* : PASCHA (S. B. C., n° 2003), jaune, deux ans et demi, par Pascha, hors de Seda, 1er prix et prix d'honneur de S. M. I. l'empereur d'Allemagne ; prix d'honneur, Paris 1882.

MARKO, à M. Jak. Haller, tigré, jaune clair, un an, par Lord, 2e prix. 1er prix, Berlin 1880.

ROLLAND, à M. Jos. Rettermeier, jaune, dix-neuf mois, 3e prix.

PLUTO, à M. le comte de Werthern, gris cendré, deux ans et demi, 2e prix.

TARAS, à M. de Rothenhan, un an, jaune clair, mention honorable.

PALLASCH, à M. le lieutenant Buxbaum, mention honorable.

NERO, à M. D. Weikard, mention honorable.

DOGUES ALLEMANDS (CHIENNES)

LAURA, à S. A. I. le duc de Leuchtenberg, jaune clair, un an et demi, 1er prix et 50 marks.

LADY, à M. E. Fromm, junior, 2e prix et 25 marks, par Lord, hors de Sazah, jaune tigré, trois ans.

FLORA, à M. le comte Blücher, blanc, taches jaunes, quinze mois, 2e prix.

FLORA, à M. Hermann Weber, jaune cendré, deux ans et neuf mois, mention honorable.

INSCRIPTIONS AU STUD BOOK CONTINENTAL

Mars 1883

—

POINTERS

2181. Juno, pointer femelle, blanche et foie, à M. le comte Du Rüel, à Bézu-Saint-Éloi (Eure).

Pedigree : Juno, née en juin 1877, et achetée par M. Toudreau-Loison, à M. Fauntleroy, of Highampton, Devon, England. Par Pur, spanish-pointer, hors de Bess. — Bess, par Général, hors de Juno, au docteur Ibilliers. — Général (K. C. S. B., n° 868), par Major, hors de Countess. — Major (K. C. S. B., n° 904), à M. Smith's, par Bob III, à M. Bird, hors de Bloomer, à M. Gilbert. — Countess (K. C. S. B., n° 1092), à M. Price's, par Major, n° 904, hors de Fan, n° 1135. — Bob, n° 756, par Jocker, à M. Battcock, hors de Fan, n° 1135, à M. Lang. — Jocker, par Rapp, hors de Bell. — Rap, par Rap, hors d'une chienne, à lord Derby. — Fan, par Frank, à M. Lang, hors de Belle, à M. Tom Taylor.

SETTERS ANGLAIS

2182. Bruce, setter anglais, blanc et or, appartenant à M. le comte Du Rüel, à Bézu-Saint-Éloi (Eure).

Pedigree : Bruce, né le 18 juin 1881, chez M. de Champs, par Général-Monck, hors de Miss. — Général-Monck, né en 1877, et sorti des chenils du duc de Devonshire, par Dan, hors de Rue. — Miss, 1re mention, Exposition de Paris en juin 1881, par Ben, étalon du Jardin d'acclimatation, vainqueur du field-trials en 1873. — Dan, par Samson, hors de Dy. — Samson, par Sam, à M. Noël Hill, hors de Phillis, à M. Reid. — Sam, par Dash II, n° 1341, hors de Moll III. — Dy, par Ruby, à M. Reiler, hors de Belle, à M. Sapleton. — Rue, par Fritz, hors de Nell, à M. Hargreave. — Fritz, par Fred, à M. Brierley, hors de Jess, à M. Reid. — Fred, par Fred II, hors de Moll III.

2183. Rum, lice setter laverach, à M. de Ronchetti, à Milan.

Pedigree : Rum (K. C. S. B., n° 1555), née en juin 1879, par Shot, hors de Rummage. — Shot, par Jock (K. C. S. B., n° 5043), hors de X... — Rummage, par Champion-Rock (K. C. S. B., n° 4280), hors de Rum (K. C. S. B., n° 1555). — Jock, par Dash II (K. C. S. B., n° 1341), hors de Lill Ier. — Champion-Rock, par Dash II (K. C. S. B., n° 1341), hors de Lill. — Rum (K. C. S. B., n° 1555), par Dash, hors de Moll III. — Lill Ier, par Rock, hors de Belle. — Dash II, par Sting, hors de Cora II. — Lill, par Rock, hors de Belle. — Rock, par Fred Ier (K. C. S. B., n° 1371), hors de Cora. — Belle, par Old Rock, hors de Cora. — Fred Ier, par Rock Ier, hors de Moll II. — Cora, par Régent, hors de Jet Ier. — Jet Ier, par Ponto, hors de Old Moll.

2184. Scheylock, étalon setter laverach, à M. A. de Ronchetti, à Milan.

Pedigree : Scheylock, né en avril 1880, par Tam O'Santer (K. C. S. B., n° 6118), hors de Countesse. — Tam O'Santer, par Champion-Rock (K. C., S. B. n° 4280), hors de Rum (K. C. S. B., n° 1555). — Countess, par Rob-Roy (K. C. S. B., n° 1417). — Champion-Rock, par Dash II (K. C. S. B., n° 1341), hors de Lill. — Rum, par Shot, hors de Rummage. — Rob-Roy, par Fred II (K. C. S. B., n° 1371), hors de Rhaebe (K. C. S. B., n° 1546). — Dash II, par Sting, hors de Cora II. — Lill, par Rock, hors de Belle. — Fred II, par Fred Ier (K. C. S. B., n° 1371), hors de Moll II. — Rhaebe, par Rake (K. C. S. B., n° 1403), hors de Psyché (K. C. S. B., n° 1357).

SETTERS GORDON

2185. Kate II, chienne setter gordon noir et feu, sans blanc, à M. E. Coulombel, à Hesdin (Pas-de-Calais).

Pedigree : Kate II, née le 23 mai 1880, chez M. Tondreau-Loiseau, à Peruwelz (Belgique), par Duke, hors de Bess. — Duke, par Grouse (K. C. S. B., n° 5097, hors de Mona. — Bess, par Champion-Lang (K. C. S. B., n° 1601), hors de Flash, élevée, par le docteur Bell. — Mona, par Swarron (K. C. S. B., n° 1633, hors de Bonnie. — Bonnie, par Kent (K. C. S. B., n° 1600), hors de Old Moll (K. C. S. B., n° 1663).

2186. Bad-Boy, étalon setter gordon noir et feu, sans blanc, à M. E. Coulombel, à Hesdin (Pas-de-Calais).

Pedigree : Bad-Boy, né le 29 mars 1982, chez M. Josson, au chenil du Raincy (Seine-et-Oise), par Mac, hors de Norah. — Mac (2° prix, Paris, 1882. S. B. C., n° 2086), par Ranger, hors de Miss. — Norah, née à Aberdeen (Écosse), par Young-Lorne (K. C. S. B., n° 4310), hors de Rose II. — Ranger (1er prix, Paris, 1881. S. B. C., n° 964), par Blossom, hors de Nell. — Miss, par Rex (K. C. S. B., n° 1617), hors de X..., chienne sœur de Hop, à Idston. — Rex, par Rupert (K. C. S. B., n° 4315), hors de Rhoda.

SETTERS IRLANDAIS

2187. Elleen, chienne setter rouge d'Irlande, quelques poils blancs au poitrail, à M. E. Coulombel, à Hesdin (Pas-de-Calais).

Pedigree : Elleen, née le 21 septembre 1880, chez M. Tondreau-Loiseau, à Peruwelz (Belgique), par Bob, hors de Norah. — Bob (importé par M. Tondreau-Loiseau et acheté à M. J. H. Salter), par Raleigh, frère de Elcho (champion d'Amérique), hors de Rose, à M. Sullivan (1er prix, Dublin). — Norah (importée par M. Tondreau-

Loiseau, achetée au capitaine Cochrane, à Mowille (Irlande), par Dash, hors de Juno (K. C. S. B., n° 6213). — Dash, par Pat O'Ronney, hors de Sal. — Pat O'Rooney, par Knowing (K. C. S. B., n° 4330), hors de Carrie (K. C. S. B., n° 1703).

2188. STAR, étalon setter rouge d'Irlande, marque blanche au poitrail, à M. E. Coulombel, à Hesdin (Pas-de-Calais).

Pedigree : STAR, né le 25 mars 1881, chez M. le baron Van Loo, chenil de Langenbruggen, près Gand (Belgique), par Champion-Parmesan, hors de Freason. — Champion-Parmesan (S. B. C., n° 972, coupe de Champion-Waterloo, 1er prix à Édimbourg, Harrowgate, Winterton, Bramley, Driglington, Haarlem), par Champion-Palmerston (K. C. S. B., n° 5138), hors de Champion-Cora (K. C. S. B., n° 5149). — Freason, par Ponto, hors de Vénus. — Ponto, par Pat O'Rooney, hors de Sal. — Vénus, par Bob, hors de Fan. — Pat O'Rooney, par Knowing (K. C. S. B., n° 4330), hors de Carrie (K. C. S. B., n° 1703). — Sal, à M. Salter, par Mac, hors de Sal (K. C. S. B., n° 4338).— Bob, à sir J. Niall, par Bob (K. C. S. B., n° 1700), hors de Lilly. — Fan, par Ponto, à lord Waterford, hors de Vénus, à miss Lizzy Waburton.

Inscriptions d'Avril 1883.

2189. THISBÉ, pointer femelle, blanche et foie, légèrement tiquetée, à M. A. Vacherot, 89, boulevard Bineau (Paris-Neuilly).

Pedigree : THISBÉ, née le 27 juillet 1881, chez M. A. Vacherot, par Goth, pointer mâle du chenil de la *Chasse illustrée*, hors de Diana. — Goth, par Tory (K. C. S. B., n° 6058), hors de Jessie (K. C. S. B., n° 6073). — Diana, pointer, née au chenil du Jardin d'acclimatation du bois de Boulogne (Paris). — Tory, par Champion-Drake (K. C. S. B., n° 842), hors de Mab, à sir Moore. — Jessie, par Monarch, hors de Juno (tous deux à lord Sefton).

2190. Souipe, lice pointer, noire zain, à M. E. Chrestien de Poly, château de Lihus, par Marseille-le-Petit (Oise).

Pedigree : Souipe, née le 19 octobre 1879, au Jardin d'acclimatation de Paris, par Sweep, hors de Jet. — Sweep, étalon zain noir, élevé chez M. W. R. Pape, à Newcastle. — Jet, lice pointer, noire zain, élevée chez M. Pape, à Newcastle.

2191. Ben, étalon pointer, zain noir, à M. E. Chrestien de Poly, château de Lihus, par Marseille-le-Petit (Oise).

Pedigree : Ben, né le 12 février 1882, chez le propriétaire, par Sweep, hors de Souipe. — Sweep, étalon du Jardin d'acclimatation du bois de Boulogne de Paris. — Souipe, lice, noire zain, par Sweep, hors de Jet.

2192. Bessie-Sykes, lice setter anglais, à M. Nagelmackers, 69, boulevard Haussmann, Paris.

Pedigree : Bessie-Sykes, par Ranger, à M. Galbraith, hors de Meg, au colonel Fernley. — Ranger, par Bounce, hors de Judy. — Meg, par Rock, hors de Old-Bess. — Bounce, par Fred II (K. C. S. B., n° 1372). — Fred II, par Fred Ier (K. C. S. B., n° 1371), hors de Belle II. — Fred Ier, par Rock Ier, hors de Moll II. — Rock, élevé par M. Laverach et vendu au capitaine Fernley. — Old Bess, par Frank, hors de Flash, tous deux à M. Wittington.

(958). Rival, étalon, setter blanc et orange, à M. Nagelmackers, 69, boulevard Haussmann, Paris.

Pedigree : Rival, cinq ans (K. C. S. B., 8189), blanc et orange, par Roch II (K. C. S. B., n° 5052), hors de Flame (K. C. S. B., n° 4290). — Rock II, par Rock Ier (K. C. S. B., n° 4280), hors de Lilly-White (K. C. S. B., n° 4290). — Flame, par Dash (K. C. S. B., n° 1342), hors de Carrie (K. C. S. B., n° 1703. — Rock Ier, par Dash II (K. C. S. B., n° 1341), hors de Lill. — Lily-White, par Fred II (K. C. S. B., n° 1372), hors de Sal (K. C. S. B., n° 1557). — Dash, par Dash II (K. C. S. B., n° 1341), hors de Lill. — Carrie (K. C. S. B., 1703), par Prince (K. C. S. B., n° 1399), hors de Corab. — Dash II, par Sting, hors de Cora II. — Lill, par Rock, hors de Belle II (K. C. S. B., n° 1464). — Fred II, par Fred Ier (K. C. S. B., n° 1371), hors de Belle II K. C. S. B.. n° 1464). — Sall, par Franck, hors de Flash. — Prince, par Dash II, hors de Moll III. — Corah, par Bob (K. C. S. B., n° 1700), hors de Lilly.

2193. SAM, étalon setter gordon, à M. Bocquet, 118, avenue d'Ivry, Paris.

Pedigree : SAM, setter gordon, né en Angleterre, chez M. Wennyts-Colchester, le 28 mai 1882, élevé par M. J. Delaunay, à Calais (France), par Marmaduke (K. C. S. B., n° 11486), hors de Madame (K. C. S. B., n° 12178). — Marmaduke, par Prince-Charlie (K. C S. B., n° 10255), hors de Rose II (K. C. S. B., n° 10288). — Madame, par Ronald (K. C. S. B., n° 6159), hors de Die. — Prince-Charlie, par Jock, hors de Queence (K. C. S. B., n° 5099). — Rose II, par Monarch (K. C. S. B., n° 5099), hors de Daisy (K. C. S. B., n° 4316). — Ronald, par Lang (K. C. S. B., n° 1601), hors de Norah. — Die, par Reuben, hors de Sister-to-Ruth. — Jock, par Chang (K. C. S. B., n° 8231), hors de Jesse. — Queence, par Grouse (K. C. S. B., n° 5097), hors de Daisy (K. C. S. B., n° 4316). — Monarch, par Lang (K. C. S. B., n° 1601), hors de Rhona (K. C. S. B., n° 1680). — Norah, par Kent (K. C. S. B., n° 1600), hors de Duchess. — Reuben, par Lang, hors de Ruin.

2194. BELL, setter gordon femelle, noir et feu, à M. Léon Godefroy, à Puteaux (Seine).

Pedigree : BELL, née le 8 juin 1882, chez M. A. Le Gualès, au château de Kerverniou à Elliant, près Rosporden (Finistère) par Monarch, hors de Nellie. — Monarch, par Monarch (K. C. S. B., n° 5099), hors de Flora. — Nellie, par Roch, hors de Daphné. — Monarch (K. C. S. B., n° 5099), par Champion-Lang (K. C. S. B., n° 1680), hors de Rhôna (K. C. S. B., n° 1680). — Flora, par Champion-Lang, hors de Norah. — Roch, par Champion-Ronald (K. C. S. B., n° 6159), hors de Rhine V (K. C. S. B., n° 1600). —

Daphné, par Champion-Lang, hors de Norah. — Champion-Lang, par Reuben (K. C. S. B., n° 1625), hors de Mona. — Rhôna, par Reuben, hors de Nell. — Norah, par Old-Kent, hors de Duchess. — Champion-Ronald, par Champion-Lang, hors de Norah. — Rhine V, par Old-Kent et Rhine IV.

2195. Miss, setter gordon femelle, noir et feu, à M. Léon Godefroy, à Puteaux (Seine).

Pedigree : Miss, setter gordon, petite tache blanche à la poitrine, née le 14 août 1881, chez M. Hardiviller, à Paris, par Roch, hors de Dora. — Roch (primé, exposition Paris 1881), par Champion-Blossom (K. C. S. B., n° 6090), hors Dora. — Dora, d'importation anglaise, élevée dans le chenil de M. Dudoint, en Angleterre.

2196. Ines, chienne setter irlandais, à M. Bocquet, 118, avenue d'Ivry, Paris.

Pedigree : Ines, setter irlandais, rouge, deux ans et demi, par Bob (D. H. S.B., n° 292), hors Diane Iʳᵉ (D. H. S. B., n° 306). — Bob (D. H. S. B., n° 292), né en 1878 et élevé par M. U. Marais, à Hanovre, par Liffey, hors de Mirah. — Diane Iʳᵉ (D. H. S. B., n° 306), née chez S. A. le prince de Solms-Braunfels, par Shirley, hors de Nelly.

2197. Marengo, mâle, chien gascon bleu à M. Fernand Laval, au château de Miraval, près Castres (Tarn).

Pedigree : Marengo, né en juillet 1880, chez le propriétaire, par Jéricho, gascon bleu, à M. de Fourcade, hors de Musette. — Jéricho, par Major, hors de Trompette, à M. de Fourcade. — Musette, par Conquérant, à M. de Laprade, hors de Tambelle. — Conquérant, par Ramponneau, à M. de Laprade, hors de X..., chienne de Gascogne. — Tambelle, par Ramoneau, hors de Misère.

2198. Romulus, mâle, chien gascon bleu, grande tache noire, griffon, à M. Fernand Laval.

Pedigree : Romulus, né le 4 juillet 1878, chez le propriétaire, par Commandeur, gascon bleu, hors de Minerve. — Commandeur, griffon bleu, primé en 1878 dans la meute de M. David, d'Auch, acheté à cette exposition par M. Barrau, de Muratel, près Sorèze (Tarn). — Minerve, bleu gascon saintongeois, par Ménélas, du chenil du Jardin d'acclimatation de Paris, hors de Colère, pure gasconne bleue. — Ménélas, par Mardi-Gras, hors de Bondissante.— Mardi-Gras, par Chambertin, hors de X..., chienne de Saintonge. — Bondissante, par Tyrolien, hors de Tempête.

2199. JUNO, lice bleue gasconne, à M. Fernand Laval.

Pedigree : JUNO, née le 10 avril 1880, chez le propriétaire, par Romulus, hors de Lucrèce II. — Romulus, par Commandeur, hors de Minerve. — Lucrèce II, par Charbonneau, à M. David, hors de Lucrèce. — Minerve, par Ménélas, hors de Colère. — Lucrèce, par Bravo, hors de Minerve. — Ménélas, par Mardi-Gras, hors de Bondissante. — Bravo, par Major, hors de X..., chienne de Gascogne. — Minerve, par Chalumeau, hors de Tristesse.

2200. MUSETTE, lice bleue de Gascogne à M. Fernand Laval.

Pedigree : MUSETTE, née le 10 juillet 1882, chez le propriétaire, par Romulus, griffon bleu, hors de Finette, truitée bleue, griffonne. — Romulus, par Commandeur, à M. David, d'Auch, hors de Minerve. — Finette, par Charbonneau, à M. David, hors de Lucrèce. — Minerve, par Ménélas, hors de Colère. — Lucrèce, par Bravo, hors de Minerve. — Bravo, par Major, hors de X..., chienne de Gascogne. — Minerve, par Chalumeau, hors de Tristesse.

2201. VAINQUEUR, mâle, chien bleu de Gascogne, grande noire sur le dos, à M. Fernand Laval.

Pedigree : VAINQUEUR, né le 12 septembre 1879, chez M. Moiné, à Plaisance-du-Touch (Haute-Garonne), par Major, né au chenil de M. Salveyre, ayant appartenu à M. David, d'Auch, hors de Conquête, 1er prix, Exposition Tuileries, 1882 (S. B. C., n° 2036). — Conquête, par par Saladin, hors de Colère.

2202. BANCO, mâle, chien de Gascogne, bleu, truité, grande marque feu aux jambes, à M. Fernand Laval.

Pedigree : BANCO, né le 15 août 1882, chez le propriétaire, par Tamerlan, chien bleu du chenil de M. de Vezins, à Montauban (Tarn-et-Garonne), hors de Conquête, 1er prix, Exposition des Tuileries 1882 (S. B. C., n° 2036). — Tamerlan, par X..., à M. David, hors de X...:, chienne de Gascogne. — Conquête, par Saladin, hors de Colère.

2203. SUPERBE, lice bleue de Gascogne, à M. Fernand Laval.

Pedigree : SUPERBE, née en mai 1881, chez M. René Bordier, au château de Fougère, près Saint-Maixent (Deux-Sèvres), par Royaleau, pur gascon (père et mère du chenil de M. le baron de Rubble), hors de X..., chienne de Gascogne. — X..., chienne de Gascogne, par Brigador, hors de Pallas, du Jardin d'acclimatation de Paris.

2204. LUCRÈCE II) chiennes griffonnes bleues, à M. Fernand
2205. FINETTE (Laval.

Pedigree : LUCRÈCE II et FINETTE, nées le 25 septembre 1878, chez M. de Junca, à Levignac-sur-Save (Haute-Garonne), par Charbonneau, gascon bleu, à M. David, d'Auch, par Lucrèce, gasconne bleue griffonne à M. de Junca. — Lucrèce, par Bravo, pur gascon, bleu blanc, hors de Minerve, truitée griffonne. — Bravo, par Major, hors de X..., chienne de Gascogne. — Minerve, par Chalumeau, griffon bleu, hors de Tristesse, bleue. — Charbonneau, exposé dans la meute de M. David, primé en 1878, Exposition de Paris.

2206. MARGOT, lice d'Artois, à M. le vicomte Paul de Lauzanne, château de Porzantrez, près Morlaix.

Pedigree : MARGOT, femelle, née au Jardin, le 15 mai 1882, taille 55 centimètres, blanche, oreilles oranges, légèrement herminées, deux taches noires tirant sur le jaune à gauche sur les côtes, deux taches même couleur sur les reins et à la naissance du fouet. Margot est par Mascaro de l'équipage de M. Desbordes, hors d'Antigone.

2207. ROMÉO, chien d'Artois, à M. le vicomte Paul de Lauzanne, château de Porzantrez, près Morlaix.

Pedigree : Roméo, mâle, race d'Artois, né le 14 juin 1882, au Jardin d'acclimatation à Paris, taille 59 centimètres, tricolore à manteau noir, s'arrêtant avant l'épaule gauche et déteignant en jaune sur l'épaule droite. Roméo est par Mascaro, de l'équipage de M. Desbordes, hors de Bataille. — Bataille, par Monarque, hors de Vesta, de l'équipage de M. Machart.

2208. Cardineau, étalon bloodhound, à M. A. Le Gualès, château de Kerverniou, commune d'Elliant, près Rosporden (Finistère).

   Pedigree : Cardineau, bloodhound du chenil de M. le comte Le Coulteux, par Montjoie, hors de Malice. — Montjoie, par Galant, hors de Fanfare. — Malice, par Colonel, hors de Charmer.

2209. Calypso, lice bloodhound, à M. A. Le Gualès, château de Kerverniou, commune d'Elliant, près Rosporden (Finistère).

   Pedigree : Calypso, bloodhound du chenil de M. le comte Le Coulteux, par Régent, hors de Vanda. — Régent, par Minister, hors de Négresse. — Vanda, par Jupiter, hors de Fury.

(912.) Commandant, chien de Saint-Hubert (bloodhound), à M. Bocquet, 118, avenue d'Ivry, Paris.

   Pedigree : Commandant, né le 27 février 1877, chez M. le comte Le Couteulx, château de Saint-Martin, par Étrepagny (Eure), par Galant, hors de Brenda II. — Galant, par Ménélas, hors de Brenda Ier. — Brenda II, par Résolute, hors de Fury. — Ménélas, par Mardi-Gras, hors de Bondissante. — Brenda Ier, par Raglan, hors de Duchess. — Résolute, par Régent, hors de Machtless. — Fury, par Royaliste, hors de Merveille. — Bondissante, par Tyrolien, hors de Tempête. — Raglan, par Raglan, hors de Welbeck. — Duchess, par Druid, hors de Charmer. — Régent, par Druid, hors de Empress. — Machtless, par Druid, hors de Brenda. — Royaliste, par Druid, hors de Duchess.

(2045.) TAPAGEUR, chien griffon nivernais, à M. Bocquet, 118, avenue d'Ivry, Paris.

Pedigree : TAPAGEUR, né au Jardin d'acclimation, à Paris, le 4 mai 1879, par Renfort, hors de Espérance, a obtenu en 1882 le 2e prix à l'exposition canine des Tuileries, appartenant à M. Hardivillers.

2210. PINCHER, mâle, petit fox-terrier, à M. A. Le Gualès, château de Kerverniou, commune d'Elliant, près Rosporden (Finistère).

Pedigree : PINCHER, deux mois et demi, robe blanche, taches, noir et feu, né chez le propriétaire, par Rattler, hors de Maupic. — Rattler, par Pincher, hors de Rosette. — Maupic, par Pluck, hors de Tartare, du chenil de M. Paul Caillard, importés d'Angleterre.

CHIENS D'APPARTEMENT

2211. CHARLEY, king-charles noir et feu, à Mme Bodinus, née d'Hoffschmidt, par Don-Carlos, à M. Ratfort, hors de Princesse, à M. Ratfort.

2212. FRISKY ⟩ blenheim spaniels, à Mme Bodinus, née d'Hoff-
2213. ROBY ⟨ schmidt, à Uccle (Bruxelles).

Pedigree : FRISKY et ROBY, par Prince-Charley, hors de Rose-May. — Prince-Charley, par Prince, à M. Short, hors de Lilians, à M. Kechner. — Rose-May, par Charley, à M. Short, hors de Lady, à Mme Allen.

2214. SILVIA, carlin, à Mme Bodinus, née d'Hoffschmidt, à Uccle (Bruxelles), né le 24 août 1881, par Zulu II, hors de Topsy. — Zulu II, 1er prix Clèves, à miss Lee. — Topsy, à Mme Bodinus.

2215. LUCA, carlinne, à Mme Bodinus, née d'Hoffschmidt, à Uccle (Bruxelles).

Pedigree : LUCA, née le 19 juin 1882, par Tum-Tum II, hors de Topsy. — Tum-Tum (champion), appartenant à M. Linsay, Cheltenham (Angleterre). — Topsy, à Mme Bodinus.

EXPOSITION CANINE A VIENNE

DU 25 AU 28 MARS 1883

Parkring n° 12, salle de l'Exposition d'horticulture.

COMITÉ DE L'EXPOSITION

Président : M. le marquis de Bellegarde. — *Membres :* MM. Brusskay, chevalier de Damaschka ; Joseph Gregorig, Ferdinand Harrer, Joseph Kührer, Gustav Libish, Franz Pilshofer, F. X. Pleban, de Villa-Secca. — *Commissaire organisateur :* F. X. Pleban.

MEMBRES DU JURY

MM. le comte August Breuner, S. A. le prince Charles de Schwarzenberg junior, le comte Hoyos, le baron de Rauch, de Taets von Amerongen, Soltan de Hanvay, Louis Beckmann, Franz Konhäuser, Franz Sprosec et J. C. Ackermann.

1ʳᵉ Division

SCHWEISHUNDE (CHIENS)

Solo, à M. le comte Bräuner, six ans, marron rouge, par Waidmann, hors de Klagau, 2ᵉ prix.

SCHWEISSHUNDE (CHIENNES)

Palma, à M. le comte Bräuner, trois ans et demi, marron rouge, tigré noir, par Waidmann, hors de Klagau, 2ᵉ prix.

BRIQUETS ALLEMANDS (CHIENS COURANTS)

X..., briquet allemand, à M. N. Unfried, à Aue, 1ᵉʳ prix.
X..., briquet allemand, à M. N. Unfried, à Aue, 2ᵉ prix.

X..., briquet allemand, à **M. P. Rieger**, à Raach, mention honorable.

Ces trois chiens, sans désignation au catalogue, y ont été rajoutés et portent les n°⁵ 395, 396, 397.

CHIENS D'ARRÊT ALLEMANDS (POIL RAS)

Bento, à M. Lippmann, à Carlsbad, prix d'honneur et 1ᵉʳ prix.

Pedigree : **Bento**, un an et demi, marron avec tache blanche à la poitrine, par Caro, hors de Sally, prix d'honneur à Munich, 1883, éleveur M. D. Rossbach, à Thüringen.

Hector X, à M. l'inspecteur des forêts Finger, à Nièmes, prix d'honneur et 1ᵉʳ prix.

Pedigree : **Hector X**, sept mois, blanc et taches marron, par Wodan (D. H. S. B., n° 393), hors de Colla (D. H. S. B., n° 394), éleveur M. Hesse, inspecteur royal des forêts.

CHIENS D'ARRÊT ALLEMANDS POIL RAS (CHIENNES)

Holda, à M. Lippmann, à Carlsbad, prix d'honneur et 1ᵉʳ prix.

Pedigree : **Holda**, un an, marron avec tache blanche à la poitrine, par Tell, hors de Diane, 2ᵉ prix, Hanovre, 1882, éleveur M. D. Rossbach, à Thüringen.

Diana, à M. l'inspecteur des forêts Krämer, à Neveklau, prix d'honneur et 1ᵉʳ prix.

Pedigree : **Diana**, un an et demi, marron avec tache blanche à la poitrine, par Karo, hors de Diana, éleveur M. le Dʳ Rossbach.

Flora, trois ans, à M. Joseph Rath, à Dornbach, mention honorable.

ÉPAGNEULS ALLEMANDS (CHIENS)

Don X, à M. l'inspecteur des forêts Schneider, à Nièmes Wartemberg, prix d'honneur et 1er prix.

Pedigree : Don X, dix mois, marron, par Don Ier (D. H. S. B., no 692), 1er prix, Elberfeld, Bruxelles, Clèves, hors de Flora, élevé au chenil de Niemes.

Hector, à M. Ed. Grünkranz, à Schottwien, près Gloggnitz, trois ans et demi, marron, tache blanche à la poitrine, éleveur le propriétaire, 2e prix.

Ponto, à M. le comte Traun, à Vienne, deux ans, marron, tache blanche à la poitrine, 2e prix.

DACHSHUNDE (CHIENS)

Paustl, à M. Carl Stenzl, à Brunn, 2e prix.

Bergmann, à M. C. Burger, à Leonberg, 2e prix.

Flick, à M. Gust. Bosch, à Vienne, 2e prix.

Waldmann, à M. F. X. Pleban, à Salmansdorff, mention honorable.

Nimrod, à M. R. Weisser, à Vienne, mention honorable.

DACHSHUNDE (CHIENNES)

Flora, à M. Carl Stenzl, à Brunn am Gebirge, 1er prix.

Hexe, à S. E. le grand-duc Johann Salvator, mention honorable.

Diana, à M. Carl Hanny, à Neuwaldegg, mention honorable.

Zanker, à M. Carl Hanny, à Neuwaldegg, mention honorable.

PORTÉES DE CHIENS ALLEMANDS

Hector et Lolla IV, pointers allemands à M. l'inspecteur des forêts Krämer, à Neveklau, 1er prix et prix d'honneur.

Pedigree : Hector et Lolla IV, âgés de quatre mois,

blanc et marron, par Nero, hors de Lolla III, éleveur M. le lieutenant de Schlotfeld.

6 chiots épagneuls allemands à M. l'inspecteur des forêts Csaslawshy, domaines de Nièmes, 1er prix.

Pedigree : 6 chiots : 3 mâles, 3 femelles, âgés de deux mois, marron, par Don Ier (D. H. S. B., n° 692), hors de Flora, nés aux chenils de Nièmes Wartemberg.

4 chiots bassets, à M. C. Burger, à Leonberg.

N. B. — Les chiens de chasse ont été jugés par M. le baron Rauch, à Francfort-sur-Mein, M. Louis Beckmann, à Dusseldorf, et S. A. le prince Charles de Schwarzenberg, à Prague.

Races anglaises.

POINTERS (CHIENS)

TREFF, à M. Carl Stenzl, à Brunn am Gebirge, 2e prix.
SIR NASO, à M. le comte Bardeau, à Graz, 2e prix.
STOPP, à S. A. le prince Carl Schwarzenberg, à Prague, mention honorable.

POINTERS (CHIENNES)

YOUNG-DORA, à M. le comte Bardeau, à Graz, 1er prix et prix d'honneur.

Pedigree : YOUNG-DORA, deux ans, blanche, taches marron, par Naso II (D. H. S. B., n° 440), hors de Dart (K. C. S. B., n° 8139), à M. le comte Bardeau, château de Kornberg, près Feldbach in Steiermark, éleveur S. A. le le prince de Solms-Braunfels.

LADY OF MAUERBACH, à M. l'inspecteur des forêts Sprosec, à Mauerbach, 2e prix.

Pedigree : LADY OF MAUERBACH, dix mois, blanc avec taches marron, par Giumer, hors de Lady-Mona, éleveur M. Max Taets de Amerongen, à Bessungen, près Darmstadt.

Jilt, à M. le marquis de Bellegarde, à Nièmes, mention honorable.

Pedigree : Jilt, sept mois, blanc avec taches marron, par Grand-Drake (K. C. S. B., n° 11289), hors de Lady of Hanva (K. C. S. B., n° 10087), éleveur M. Zoltan de Hanvay.

SETTERS ANGLAIS

Dash (D. H. S. B., n° 1144), à M. le comte Hartig, à Nièmes, 2° prix.

Pedigree : Dash, trois ans, blanc avec taches noir et feu, par Ranger III (K. C. S. B., n° 7168), hors de Kate (D. H. S. B., n° 233), éleveur le prince de Solms-Braunfels. — Kate, par Champion-Rock (K. C. S. B., n° 4280), hors de Rhoda.

Frank, à M. l'inspecteur des forêts Pruschek, à Zedlitsch. près Wartemberg, chenil de Nièmes (Bohême), mention honorable.

Pedigree : Frank, blanc avec taches noires, élevé au chenil de Nièmes, par Dash (D. H. S. B., n° 1144), hors de Tissy. — Dash, par Ranger III, hors de Kate. — Tissy, par Ralph, hors de Miss.

Pozor, à S. A. le prince Louis de Rohan, château de Choustnick, par Gobeslau (Bohême), mention honorable.

Pedigree : Pozor, quatre ans, marron et blanc, éleveur M. de Washington, par Robin, hors de Lady-Golighsly.

SETTERS IRLANDAIS (CHIENS)

Rosso, étalon setter irlandais rouge, à M. le lieutenant Rüdiger, à Linden (Hanovre), mention honorable.

Pedigree : Rosso, un an et demi, rouge avec une petite étoile blanche, par Bob (D. H. S. B., n° 292), hors de Cora II (D. H. S. B., n° 599). — Bob, par Liffey, hors de Myrah. — Cora II, par Bob, hors de Diana Ire. — Diana Ire, par Shirley, hors de Nelly.

SETTERS IRLANDAIS (CHIENNES)

SELICA, à M. le comte Czernin, à Neuhaus (Bohème), 2º prix.

Pedigree : SELICA, un an, rouge avec taches blanches, par Bob (D. H. S. B., n° 291), hors de Diana III (D. H. S. B., n° 601). — Bob, par Palmerston, hors de Peri. — Diana III, par Bob (D. H. S. B., n° 292), à M. U. Marais, hors de Diana Iʳᵉ (D. H. S. B., n° 306). — Bob, par Liffey, hors de Myrah. — Diana Iʳᵉ, par Shirley, hors de Nelly.

CORA, à M. le lieutenant Rüdiger, à Linden (Hanovre), 2º prix.

Pedigree : CORA, trois ans, rouge avec étoile blanche, par Bob (D. H. S. B., n° 292), hors de Diana Iʳᵉ (D. H. S. B., n° 306). — Bob, par Liffey, hors de Myrah. — Diana Iʳᵉ, par Shirley, hors de Nelly.

SETTERS GORDON (CHIENS)

DUKE, à S. A. le prince de Maurocordato, à Mauerbach, près Vienne, 1ᵉʳ prix et prix d'honneur.

Pedigree : DUKE, trois ans, noir et feu, éleveur S. A. le prince de Solms-Braunfels, prix d'honneur à Vienne 1881, par Duke, hors de Bess. — Duke, par Lorne, hors de Bloom.

MAC, à S. A. le prince de Maurocordato, à Mauerbach, près Vienne.

ROLF, à M. Carl Scholz, à Poisdorf (Basse-Autriche), 2º prix, deux ans, noir et feu.

DUKE, à M. le marquis de Bellegarde, château de Nièmes (Bohême), mention honorable.

Pedigree : DUKE, huit mois, noir et feu, éleveur le propriétaire, par Black, hors de Nora II (D. H. S. B., n° 891). — Black, à S. A. impériale le prince Rudolf. — Nora II, par Sam (D. H. S. B., n° 569), hors de Nora (D. H. S. B., n° 586). — Sam, par Fox, hors de Bella. — Nora, par

Duke (D. H. S. B., n° 262), hors de Empress (D. H. S. B.,
n° 274). — Duke, par Jock, hors de Flirt. — Empress,
par Young-Dan, hors de Kate.

TYPHON, à M. le comte Czernin, à Neuhaus (Bohême), mention honorable.

Pedigree : TYPHON, un an, noir et feu, éleveur M. Ebeling in Güntersen (Hanovre), par Lord, hors de Juno II.

KENT, à M. Georges Koch, à Graz (Autriche), mention honorable.

Pedigree : KENT, huit mois, noir et feu, par Black, hors
de Nora II, élevé chez M. le marquis de Bellegarde.

SETTERS GORDON (CHIENNES)

MINKA, à S. A. le prince Maurocordato, à Mauerbach, près
Vienne, 1er prix et prix d'honneur.

Pedigree : MINKA, cinq ans, noir et feu, éleveur S. A. le
prince de Solms-Braunfels, prix d'honneur, Vienne, 1881,
par Duke (D. H. S. B., n° 262), hors de Duchess (D. H.
S. B., n° 273). — Duke, par Lorne, hors de Bloom. —
Duchess, par Lorne, hors de Bloom.

BESS, à S. A. le prince Maurocordato, à Mauerbach, près
Vienne, 2e prix.

Pedigree : BESS, neuf mois, noir et feu, éleveur le pro-
priétaire, par Duke Ier, hors de Minka. — Duke Ier, par
Duke, hors de Bess. — Minka, par Duke, hors de Duchess.
— Duke, par Lorne, hors de Bloom.

BELLA, à M. le comte Czernin, à Neuhaus (Bohême), mention
honorable.

Pedigree : BELLA, un an, noir et feu, éleveur M. Ebeling
in Günthersen (Hanovre), par Lord, hors de Juno II.

NORA III, à Mme la marquise Bellegarde, à Nièmes (Bohême),
mention honorable.

Pedigree : NORA III, huit mois, noir mal teint, élevée
à Nièmes (Bohême), par Black, hors de Nora II (D. H.
S. B., n° 891). — Black, à S. A. impériale le prince

Rudolf. — Nora II, par Sam (D. H. S. B., n° 569), hors de
Nora (D. H. S. B., n° 586). — Sam, par Fox, hors de Bella.
— Nora, par Duke (D. H. S. B., n° 262), hors de Empress
(D. H. S. B., n° 274). — Duke, par Lorne, hors de Bloom.
— Empress, par Young-Dan, hors de Kate.

LÉVRIERS ANGLAIS

Erro, mâle, à M. Eug. Lamatsch, 16, Hauptstrasse IV, Vienne.
2e prix, noir et blanc, deux ans.

Flora, femelle, à M. Eug. Lamatsch, 16, Hauptstrasse IV,
Vienne, 2° prix, noir et blanc, huit ans.

Lord, chien mâle, à S. A. la princesse Stéfanie Rohan, château Choustnick, près Gobeslau (Bohême), mention honorable, jaune, quatre ans, par Trim, hors de Lady.

LÉVRIERS ÉCOSSAIS

Fingal, mâle, à S. E. la princesse Khevenhüller, 19, Türkenstrasse IX, Vienne, gris fer, cinq ans, 1er prix.

Garryl, femelle, à S. E. la princesse Khevenhüller, 19,
Türkenstrasse IX, Vienne, gris fer, cinq ans, 2e prix.

Cromwell, mâle, à M. Weinberger, à Pirkenhammer, près
Karlsbad (Bohême), un an et demi, gris fer, éleveur M. le
lieutenant Rüdiger, 2e prix.

CHIENS ANGLAIS (DIVERSES RACES)

Punch, à S. A. la grande-duchesse Isabelle, à Pressburg
(Autriche), 1er prix, épagneul sussex, importé d'Angleterre, deux ans.

Black-Anne, à Mme la baronne Marie Sommaruga, 3, Wein-
strasse IV, Vienne, retriever, femelle noire, deux ans et
demi, par Rustan, hors de Lady, importés d'Angleterre,
éleveur M. Deimer, à Taufers (Tyrol), mention honorable.

Rover, à M. le comte Eszterhazy, 21, Promenade, à Pressburg (Autriche), retriever noir, trois ans, mention honorable.

N.-B. — Les chiens de races anglaises ont été jugés par M. le baron Max Taets de Amerongen, à Bessungen, près Darmstadt, M. Soltan de Hanvay à *Hanva*, M. le comte Joseph Hoyos à Vienne et M. Franz Sprosec à Mauerbach.

2° Division. — **Chiens de garde.**

TERRE-NEUVE

Ossmann, à M. Paul Katholitzky, 13, Johannesgasse Währing, 1er prix et prix d'honneur, deux ans et demi, noir avec étoile blanche, importé d'Angleterre.

Pascha, à M. Jos. Kerschbaum, 20, Dadlergasse Rudolfsheim, 1er prix, deux ans, noir, médaille d'argent, Vienne 1882.

Mooro, à M. C. Burger zum Rosengarten, à Leonberg (Wurtemberg), 1er prix, un an et demi, par Pascha, hors de Zampa.

Flox, à M. Michel Bauer, 7, Rosaliagasse, à Meidling, 2e prix, noir, quinze mois, éleveur M. le comte Rechberg, à Schwechat.

CHIEN DES ALPES A POILS COURTS

Cœsar, à M. C. Burger, zum Rosengarten, à Leonberg, (Wurtemberg), 2e prix, jaune, un an, importé de Suisse.

CHIENS DES ALPES A LONGS POILS

Cœsar, à M. Victor Grablovitz à Eggenberg, près Graz, 1er prix, blanc avec taches noires, deux ans et demi.

Marco, à M. C. Burger zum Rosengarten, à Leonberg (Wurtemberg), 1er prix, jaune fauve, par Marko, hors de Minka, un an.

Löwe, à M. Johann Schuhmann, 66, Gumpendorferstrasse VI, Vienne, 1er prix, fauve, un an trois quarts, éleveur le propriétaire.

Flora, à M. Johann Winkler, 423, Erdbergermais, Vienne, chienne jaune, quatre ans, 2e prix, éleveur M. Gonnenwein, à Stuttgart.

Rustan, à M. Th. Schild, 2, Schulgasse III, Vienne, un an, blanc marqué de fauve, 2e prix, par Rustan, hors de Flora, éleveur M. H. Fieber Rennweg.

DOGUES ALLEMANDS

Flott, à M. Gustav. Schneider, 97, Hauptstrasse III, Vienne, trois ans, gris, par Flott, hors de Donna, 1er prix et prix d'honneur.

Lord, à M. Hermann Scheibe, 37, Kirchberg VII, Vienne, deux ans, gris avec marques blanches, éleveur M. Carl Schnötzinger, 1er prix.

Bruno, à M. C. Burger zum Rosengarten, à Leonberg (Wurtemberg), 1er prix, chien gris cendré, par Médar, hors de Zampa.

Lord, à M. Alberto Franchetti, 5, Brennerstrasse, Munich, 2e prix, chien fauve bringé, quatre ans et demi, a obtenu médaille d'or à Berlin 1880.

Giant, à M. Schierl de Moorburg, 11, Bognergasse I, Vienne, un an, gris et fauve bringé, 2e prix.

Lord, à M. F. Seher, à Stuttgart, 2e prix, chien fauve bringé, un an trois quarts.

Rolf, à M. le docteur Bayer, 7, linke Bahngasse III, Vienne, mention honorable, chien jaune et gris tigré, deux ans.

Tiger, à M. Louis Grossmann, 4, Schönlaterngasse I, Vienne, chien noir et blanc rayé, un an, éleveur M. Holtel, à Korneuburg, mention honorable.

DOGUE ALLEMAND (CHIENNE)

Diana, à M. Johann Beck, 3, Taborstrasse II, Vienne, 2e prix, gris cendré, un an.

MASTIFFS

Cœsar, à M. Franz Hollfeld, 14, Laudongasse VIII, Vienne, gris avec poitrine blanche, éleveur M. Kontzwald. vétérinaire à Schwechat, 2e prix.

CHIENS DE BERGER

Pandur, à M. le comte Esterhazy, à Tata, par Szöny (Hongrie), trois ans, blanc à courte queue, 1er prix.

Ftäx, à Mme Fanny Fritz, 7, Josefigasse, Währing, chien jaune lin, quatre ans, 2e prix.

CANICHES

Cœsar, à M. Joh. Erber, 34, Hauptstrasse, Himberg, caniche blanc, mâle, deux ans, médaille d'argent, Vienne 1882, éleveur M. Gustave Kuhlmey, 1er prix.

Caro, à M. Louis Grossmann, 4, Schönlaterngasse I, Vienne, caniche blanc, mâle, deux ans, 1er prix.

Flora, à M. Louis Gottlieb Wagenknecht, 1, hintere Zollamtsstrasse III, Vienne, caniche blanc, femelle, deux ans et demi, par Dorl, médaille d'argent Vienne 1882, éleveur M. Gustav. Kuhlmey, 2e prix.

Caro, à M. Johann Jwaniewicz, 20, Schwarzspanierstrasse IX, Vienne, caniche blanc, mâle, deux ans, éleveur M. H. Kraut, 2e prix.

Caro, à M. Louis Grossmann, 4, Schönlaterngasse I, Vienne, caniche noir, mâle, un an et demi, éleveur M. Burger, à Leonberg (Wurtemberg), 2e prix.

Caro, à M. Joseph Kraut, 16, Schlossgasse, Margarethen, caniche blanche, six ans, 2ᵉ prix.

CHIENS NON CLASSÉS

Diandu, huit ans, chien du Thibet, noir avec les extrémités feu, à M. le comte Bela Szechenyi, hôtel Impérial, Vienne, 1ᵉʳ prix.

Diama, cinq ans, chienne du Thibet noire, extrémités feu, à M. le comte Bela Szechenyi, 1ᵉʳ prix.

N.-B. — Juges : M. le Dʳ Bodinus, de Berlin, M. Franz Konhaüser, de Vienne.

INSCRIPTIONS AU STUD BOOK CONTINENTAL
Mai 1883

2216. Young-Lorna, lice pointer, blanche et foie, à M. Barreyre, à Chateaumeillant (Cher).

Pedigree : Young-Lorna, née le 8 mars 1882 chez S. A. le prince de Solms, à Braunfels (Prusse rhénane), par Naso II (K. C. S. B., nº 8123), hors de Lorna (K. C. S. B., nº 11337). — Naso II, par Naso (K. C. S. B., nº 7087), hors de Miranda II. — Lorna, par Tory (K. C. S. B., nº 6058), hors de Jessie (K. C. S. B., nº 6073).

2217. Ranger Iᵉʳ, setter anglais mâle, blanc, tête noire (blue belton) à M. Barreyre, à Châteaumeillant (Cher).

Pedigree : Ranger Iᵉʳ, né le 2 janvier 1882, chez S. A. le prince de Solms, à Braunfels (Prusse rhénane), par Champion-Ranger (K. C. S. B., nº 1409), hors de Janca II (K. C. S. B., nº 12556). — Champion-Ranger, par Quince II (K. C. S. B., nº 1401), hors de Judy, à M. Macdona. — Janca II, par Dash III (K. C. S. B., nº 8171), hors de Janca.

2218. Forban, setter mâle anglais, blanc et orange, à M. Barreyre,
à Châteaumeillant (Cher).

Pedigree : Forban, setter blanc et orange, né le 8 mai
1880, chez M. O. Massing, château de Puttelange (Alsace-
Lorraine), par Murray, hors de Bess. — Murray, par
Fred III (K. C. S. B., n° 1374), hors de Vaynol, sœur de
Champion-Ranger (même portée). — Bess, par Mac, hors
de Vaynol. — Mac, par Don, hors de Vénus. — Don, par
Dash (K. C. S. B., n° 1342), hors de Duchess. — Vénus,
par Rake (K. C. S. B., n° 1403), hors de Countess, à
M. Calver.

2219. Jupiter, setter gordon mâle, à M. Fernand Guilet, à Condé-
sur-Noireau (Calvados).

Pedigree : Jupiter, gordon noir et feu sans blanc, né
le 25 décembre 1882, chez M. Charles Yger, à Cany (Seine-
Inférieure), par Mac (S. B. C., n° 2086), 2° prix, Paris,
1882, hors de Bell (S. B. C., n° 2129). — Mac, par Ranger,
1er prix, Paris, 1881 (S. B. C., n° 964), hors de Miss. —
Bell, par Tweed, du Jardin d'acclimation à Paris, hors de
Bel-Air (S. B. C , n° 2128). — Ranger, par Blossom, hors
de Nell. — Miss, par Rex, hors de Rhoda. — Bel-Air, par
Rock, hors de Bell (voir pedigree S. B. C., n° 2128). —
Rock, à M. Paul Caillard, par Champion-Ronald (K. C.
S. B., n° 6159), hors de Rhine V (K. C. S. B., n° 1600).

2220. Junon, setter gordon femelle, à M. Fernand Guilet, à Condé-
sur-Noireau (Calvados).

Pedigree : Junon, gordon noir et feu sans blanc, née le
12 février 1883, chez M. Charles Yger, à Cany (Seine-Inférieure), par Mac (S. B. C., n° 2086), hors de Bel-Air (S. B.
C., n° 2128). — Mac, par Ranger, hors de Miss. — Bel-
Air, par Rock, hors de Bell. — Ranger, par Blossom, hors
de Nell. — Miss, par Rex, hors de Rhoda. — Rock, par
Champion-Ronald, hors de Rhine V. — Bell, par Monarh,
hors de Flora.

2221. Lola, lice setter rouge d'Irlande, à M. Cerfon, à Elbeuf
(Seine-Inférieure).

Pedigree : LOLA, lice setter rouge d'Irlande, née le 10 octobre 1877, chez M. Tondreau-Loiseau, à Peruwelz (Belgique), par Dick, hors de Lilly II. — Dick, par Shot, hors de Norah. — Lilly II, par Vénus II, au major Hudchidson, hors de Dash. — Shot, par Bob. — Norah, par Prim, hors de Nell. — Vénus II, par Bob, n° 1700. — Dash, par Dash (K. C. S. B., n° 1707), hors de Bess. — Dash (K. C. S. B., n° 1707), par Grouse, hors de Blanche. — Bess, par Don, hors de Molly.

2222. MAC, mâle, setter rouge d'Irlande, à M. Cerfon, à Elbeuf (Seine-Inférieure).

Pedigree : MAC, setter rouge d'Irlande, né le 15 juillet 1877, chez M. Tondreau-Loiseau, à Peruwelz (Belgique), par Shot, hors de Norah. — Shot, par Bob (K. C. S. B., n° 1700). — Norah, par Prim, à M. Battersby, hors de Nell, à M. Jephson (K. C. S. B., n° 5161). — Bob, par Dash, hors de Quail. — Prim, par Sire, au colonel Smith, hors de Jill, à M. Battersby. — Nell, par Ranger (K. C. S. B., n° 1749), hors de Bell, à M. Jephson. — Dash, par Ranger, à M. de la Touche de Kildare, hors de Judy, au major Hudchidson. — Quail, par Rover, à lord Howth, hors de Florence, au marquis de Waterford. — Jill, à M. Battersby, par Bob (K. C. S. B., n° 1700), hors de Lilly II. — Bell, par Don, hors de Dove.

BASSETS FRANÇAIS TRICOLORE

2223. JAVOTTE, lice basset tricolore français, à M. Lane, chenil de Franqueville, par Boos (Seine-Inférieure).

Pedigree : JAVOTTE, née le 23 juin 1877 chez le propriétaire, par Fino II, hors de Clairette. — Fino II, par Fino Ier, hors de Ravaude. — Clairette, achetée en 1874, en Artois, chez M. Flour.

2224. RAMONO II, étalon basset tricolore français, à M. Lane, chenil de Franqueville, par Boos (Seine-Inférieure).

Pedigree : RAMONO II, né le 11 juin 1879, chez le propriétaire, par Fino II, hors de Clairette. — Fino II, par

Fino Ier, hors de Ravaude. — Clairette, achetée en 1874, en Artois, chez M. Flour.

2225. GIBELOTTE, chienne basset tricolore français, à M. Lane, château de Franqueville, par Boos (Seine-Inférieure), née le 24 juin 1881.

    Pedigree : GIBELOTTE, par Ramono II, hors de Clochette. — Ramono II, par Fino II, hors de Clairette. — Clochette, par Ramono Ier, hors de Ravissante. — Fino II, par Fino Ier, hors de Ravaude. — Clairette, achetée en 1874, chez M. Flour, en Artois. — L. O. S. H., n° 10.

2226. CHAMPION, chien basset tricolore français, à M. Lane, château de Franqueville, par Boos (Seine-Inférieure).

    Pedigree : CHAMPION, né le 24 juin 1881, par Ramono II, hors de Clochette. — Ramono II, par Fino II, hors de Clairette. — Clochette, par Ramoneau Ier, hors de Ravissante. — Fino II, par Fino Ier, hors de Ravaude. — Clairette, achetée en 1874, en Artois, chez M. Flour. — L. O. S. H., n° 9.

2227. JUNON, chienne dogue anglais fauve, à M. Roger de La Borde, château de la Loge, à Segré (Maine-et-Loire).

    Pedigree : JUNON, chienne dogue anglais fauve, née le 15 mai 1880 chez le propriétaire, par Magenta, du chenil du marquis de Préaulx, hors de Luna, importée d'Angleterre, pedigree inconnu. — Magenta, par Minard, du chenil de M. le marquis de Préaulx.

2228. MAGENTA Ier, mâle, dogue anglais fauve, à M. Roger de La Borde, château de la Loge, à Segré (Maine-et-Loire).

    Pedigree : MAGENTA Ier, dogue anglais fauve, né le 27 juin 1881 chez le propriétaire, par Magenta, hors de Luna. — Magenta, par Minard.

2229. MAGENTA II, mâle, dogue anglais fauve, à M. Roger de La Borde, château de la Loge, à Segré (Maine-et-Loire).

    Pedigree : MAGENTA II, dogue anglais fauve, né le 27 juin 1881, chez le propriétaire, par Magenta, hors de Luna. — Magenta, par Minard.

LIVRE D'ORIGINE (STUD BOOK)

ABRÉVIATIONS

Él., éleveur. — Prop., propriétaire. — Pr., prix. — M. T. H., mention très honorable. — M. H., mention honorable. — K. C. S. B., Kennel Club Stud Book. — D. H. S. B., Deutches Hunde Stamm Buch. — L. O. S. H., livre d'origine de la Société Saint-Hubert. — Le numéro placé seul, entre parenthèses, à la suite du nom du chien est celui du L. O. S. H.

CHIENS DE SAINT-HUBERT (BLOODHOUNDS)

1. HERCULES (D. H. S. B., n° 624), à M. Ch. Munckton, the Grange, Wimborne, Dorset (Angleterre). Él. le propriétaire. Né en 1879, noir et fauve, par Harold, à lord Wolverton, hors d'Hécla (K. C. S. B., n° 5784), à M. Ch. Munckton. 1er prix Winchester 1879, 1er prix Berlin 1880, 2° prix Elberfeld 1880, 1er prix Clèves 1881. 1er prix Spa 1882.

HARRIERS

2. FOWLER, à M. le baron de Rosée, Vielsalm (Luxembourg). Né en 1879, tricolore, origine inconnue, importé d'Angleterre. 2° prix Spa 1882.

3. RANGER, à M. le baron de Rosée, Vielsalm (Luxembourg). Né en 1879, tricolore, origine inconnue, importé d'Angleterre. 1er prix Spa 1882.

CHIENS COURANTS
des différentes races françaises de grand équipage.

4. JUPITER, race de Saintonge, à M. Théod. Dumont, Chassart (Hainaut). Él. le propriétaire. Né en 1879, blanc, marqué de taches noires, par Corsaire, hors de Cigale, provenant du chenil de M. de Sugny, Chaux-à-Roc, Ardennes (France). 1er prix Spa 1882.

5. VENDÉE, griffonne, race de Vendée, à M. le baron Aug. du Sart, Beclers (Hainaut). Él. le propriétaire. Née en 1879, tricolore, origine inconnue. 1er prix Spa 1882.

BATARDS ANGLO-FRANÇAIS

6. BRIFFAUT, anglo-vendéen, à M. le baron Aug. du Sart, Beclers (Hainaut). Él. le propriétaire. Né en 1879, tricolore, origine inconnue. 1er prix Spa 1882.

CHIENS COURANTS A POIL RAS
de petit équipage.

7. HECTOR, briquet du pays, à M. Clém. Dimbourg, Comblain-au-Pont (Liège). Él. le propriétaire. Né en 1881, fauve, par Rameau, hors de Ramette, à M. Clém. Dimbourg. 2e prix Spa 1882.

8. MISS, briquet du pays, à M. Clém. Dimbourg, Comblain-au-Pont (Liège). Él. le propriétaire. Née en 1881, fauve, par Rameau, hors de Ramette, à M. Clém. Dimbourg. 1er prix Spa 1882.

BASSETS D'ARTOIS

9. CHAMPION, à M. L. Lane, Franqueville, Seine-Inférieure (France). Él. le propriétaire. Né en 1881, tricolore, par Ramono (prix d'honneur et 1er prix Paris 1881), par Fino, hors de Clairette, du chenil de Franqueville.— Hors de Clochette (K. C. S. B., no 12147). 1er prix Alexandra-Palace 1881, 2o prix Spa 1882.

10. **Gibelotte**, à M. L. Lane, Franqueville, Seine-Inferieure
(France). Él. le propriétaire. Née en 1881, tricolore, par
Ramono (prix d'honneur et 1er prix Paris 1881), par Fino,
hors de Clairette, du chenil de Franqueville. — Hors de Clochette (K. C. S. B., n° 12147). 1er prix Alexandra-Palace 1881,
1er prix Spa 1882.

LÉVRIERS D'ÉCOSSE A LONGS POILS (DEERHOUNDS)

11. **Dick**, à M. Em. Delloye, Hauchies, Marcinelle (Hainaut). Né
en 1881, couleur isabelle, origine inconnue, 2° prix Spa 1882.

12. **Silvio** (K. C. S. B., n° 8838), à M. Georges Picard, Huccorgne
(Liège). Él. Dr J. Lamond Hemming, Claremont-House, East
Moulsey (Angleterre). Né en 1877, gris, par Duke (K. C. S. B.,
n° 4036), hors de Linda (K. C. S. B., n° 4770). 1er prix
Alexandra-Palace 1879, 1er prix Bristol 1879, 1er prix
Brighton 1879, 1er prix Spa 1882.

LÉVRIERS RUSSES

13. **Adar**, à Mme Bodinus, née d'Hoffschmidt, Uccle (Brabant).
Él. M. Cronau, Strasbourg. Né en 1878, blanc marqué brun
sur le dos, origine inconnue. 1er prix Clèves 1881, 1er prix
Spa 1882.

POINTERS

14. **Banjo**, à M. le comte J. de Hemptinne, Gand, antérieurement
à M. le baron Al. van Loo, Gand. Éleveur M. de Landre
Macdona, Hilbre-House, West-Kirby, Cheshire (Angleterre).
Né en 1879, blanc et brun, par Young-Bang (K. C. S. B.,
n° 4994), hors de Jane (K. C. S. B., n° 8144). 2° prix
Haarlem 1880, 4° prix Bruxelles 1880, 3° prix Clèves 1881,
2° prix Paris 1881, 3° prix Spa 1882.

15. **Bang**, M. J. David (Liège). Él. le propriétaire. Né le 10 mars
1882, blanc et brun marron, par Bravo II (1er prix Rotterdam 1879, médaille d'or Haarlem 1880, à M. Eyben,
Liége), hors de Belle VIII (K. C. S. B., n° 11306).

16. Bang II, à M. Em. Rasquinet, Liège. Él. M. J. Dodemont, Huy.
Né le 30 juin 1881, blanc et brun marron, par Pan
(M. H. Bruxelles 1880), à M. Rasquinet. Pan, par Grouse
(M. H. Bruxelles 1880), à M. H. Orban, Liège, hors de Bill, à
M. J. Dodemont Huy. Grouse, par Bravo Ier, à M. Eyben,
hors de Vénus, à M. H. Orban. Bill, par Pitt, à M. Fléchet,
Verviers, hors de Belle, à M. le baron J. del Marmol. Pitt,
par Sultan, à M. P. Grosfils. Belle, par Hector, à M. Ad. Zur-
belle, Aix-la-Chapelle, hors de Diane, à M. le baron J. der
Marmol. — Hors de Mab (42) (K. C. S. B., t. X), à M. J. Do-
demont.

17. Bang-Bang (K. C. S. B., t. X), à M. F. C. Lowe, Kippen
House, Frinstead, Sittingbourne, Kent (Angleterre). Él. le
propriétaire. Né en février 1881, blanc et orange, par
Champion-Bang (K. C. S. B., n° 739), hors de Princess-Kate.
1er prix Crystal-Palace 1883, 1er prix Pointer Puppies
Stake Shrewsbury 1882, 1er prix Champion Stake Shrews-
burg 1882, 1er prix Pointer Stake in Field Trial Derby,
3e prix Epreuves d'Othée 1882 pour chiens nés en 1881,
1er prix Epreuves d'Othée 1882 pour chiens de tout âge,
2e prix Internat. Suche Darmstadt 1882, prix en partage
pour le meilleur chien appartenant à un propriétaire anglais,
Darmstadt 1882.

18. Boy-Granger (K. C. S. B., t. X), à M. J. Dodemont, Huy. Él. le
propriétaire. Né le 14 janvier 1882, blanc et orange, par
Naso II (K. C. S. B., n° 8123) (D. H. S. B., n° 440), hors de
Mab (42) (K. C. S. B., t. X).

19. Dan II (K. C. S. B., n° 11284), à M. le comte de Beauffort,
Bruxelles. Él. le propriétaire. Né le 13 juin 1880, blanc à
taches brunes, par Wizard (K. C. S. B., n° 10051), hors de
Bell IV (K. C. S. B., n° 10057). 1er prix Utrecht 1881.
3e prix Clèves 1881, 2e prix Alexandra-Palace 1881.

20 Do, à M. J. Dodemont, Huy. Él. le propriétaire. Né le 30 juin
1881, blanc et brun, par Pan (M. H. Bruxelles 1880), à
M. Rasquinet, par Grouse (M. H. Bruxelles 1880), à
M. H. Orban, hors de Bill. Grouse, par Bravo Ier, à

M. Eyben, hors de Vénus, à M. H. Orban. Bill, à M. J. Dodemont, par Pitt, à M. Fléchet, Verviers, hors de Belle, au
baron J. der Marmol. Pitt, par Sultan, à M. P. Grosfils.
Verviers. Belle, par Hector, à M. Ad. Zurhelle, Aix-la-Chapelle, hors de Diane, au baron J. del Marmol. Hector, par
Lord, à M. Schillings, Bonn. — Hors de Mab (42) (K. C.
S. B., t. X, M. T. H. Spa 1882). 1er prix Epreuves d'Othée
pour chiens nés en 1881, 2e prix Field-Trials de Cologne 1883.

21. Don, à M. Alb. Lunden, Deurne (Anvers). Él. M. Slater, Castle
Street, Carlisle (Écosse). Né le 9 septembre 1877, blanc et
noir, par Don (K. C. S. B., n° 4201), hors de Jess, à M. Slater,
par Jerry, à M. Musgrave, hors de Juno, à M. Boustead.
Juno, par X..., à M. Fred. Johnstone, hors de Meg, à
M. Palmer. Meg, par Captain, à M. Parson, hors de Slap, à
M. Palmer. Slap, par Major, à M. Smith, par Bob, à M. Boid,
par Boomer, à M. Gilbert.

22. Don II (D. H. S. B., n° 1051), à M. Aug. Richard, Arlon. Él.
S. A. S. le prince Alb. de Solms. Né le 17 avril 1881, blanc
légèrement moucheté, par Garnet (K. C. S. B., n° 8114),
hors de Young-Jessie (K. G. S. B., n° 11362).

23. Gunner (D. H. S. B., n° 762), à M. le baron Taets von Amerongen, Bessungen Darmstadt. Él. Sir Thomas Lennard,
Barth, Belhus, Aveley, Romford, Essex (Angleterre). Né le
10 juin 1880, blanc avec taches brunes, par Young-Bang
(K. C. S. B., n° 4994), hors de Teal, par Mars (K. C. S. B.,
n° 914), hors de Lill (K. C. S. B., n° 1198). 2e prix Field-
Trial de Puppies, Cambridge 1881, 2e prix Épreuves de
Breslau 1881, 3e prix Clèves 1881, 2e prix Épreuves de Berlin
1882, 1er prix Hanovre 1882, 1er prix Spa 1882.

24. Hamlet, à M. Em. Rasquinet (Liège). Él. M. J. David (Liège).
Né le 10 mars 1882, blanc et brun marron, par Bravo II, à
M. Eyben, Liège (1er prix Rotterdam 1879, mention hono-
rable Bruxelles 1880, médaille d'or Haarlem 1880), hors de
Bell VIII (K. C. S. B., n° 11306).

25. King-Lear (D. H. S. B., n° 438), à M. Rikoff, Kunzendorf,
Silésie. Él. S. A. S. le prince Alb. de Soms. Né le 11 avril

1889, blanc et brun, par Naso II (K. C., S. B. n° 8123), hors de Sidney II (D. H. S. B., n° 162). 2° prix Hanovre 1882, 1er prix du Comité, la Haye 1882, 1er prix Spa 1882.

26. LANCET, à S. A. S. le prince Alb. de Soms Braunfels. Él. M. G. Pilkington, Stoneleigh, Woolton, Lancashire (Angleterre). Né en 1879, blanc et brun marron, par Champion-Bang (K. C. S. B., n° 739), hors de Jessamine, par Mars (K. C. S. B., n° 914), hors de Jilt. 2° prix Spa 1882.

27. NASO II (K. C. S. B., n° 8123) (D. H. S. B., n° 440), à S. A. S. le prince Alb. de Soms Braunfels. Él. le propriétaire. Né en février 1877, blanc et brun, par Naso (K. C. S. B., n° 7087), hors de Miranda II. 1er prix Berlin 1880, coupe d'honneur Elberfeld 1880, 1er prix Clèves 1881, 1er prix Hanovre 1882, 2° prix Spa 1882. Épreuves : 1er prix Berlin 1879, 1er prix Oppeln 1879, 1er prix Hanovre 1880, 1er prix Prague 1881.

28. PRIAM, à M. F. Michaux, Huy. Él. M. J. Dodemont, Huy. Né en 1881, blanc et brun, par Pan, à M. Em. Rasquinet, Liège (v. n° 20), hors de Mab (42) (K. C. S. B., t. X). 2° prix Epreuves d'Othée 1882, pour chiens nés en 1881, 2° prix Epreuves Cologne 1883.

29. RAP III, à M. G. Mauduit, Marteville, Aisne (France). Él. le baron Al. van Loo, Gand. Né en 1877, blanc et orange, par Rap II, par Champion-Rap (K. C. S. B., n° 977), hors de Blanche (K. C. S. B., n° 1087). — Hors de Fana, par Sancho (K. C. S. B., n° 1004), hors de Bess (K. C. S. B., n° 1075), 2° prix Paris 1881.

30. WIZARD (K. C. S. B., n° 10051), à M. le comte de Beauffort (Bruxelles). Él. M. Wippell, Exeter (Angleterre). Né en 1876, blanc et orange, par Wagg (K. C. S. B., n° 4227), hors de Lady, par Squire (K. C. S. B., n° 1024), hors de Bell. 3° prix Bruxelles 1880, 3° prix Utrecht 1881, 3° prix Spa 1882.

31. BELLE IV (K. C. S. B., n° 10057), à M. le comte de Beauffort, Bruxelles. Él. M. Veitch, Exeter (Angleterre). Née en 1876, blanche et brune, par Don (K. C. S. B., n° 7078), hors de Juno, à M. Andrews.

32. Bess, à M. G. Mauduit, Marteville, Aisne (France). Él. le baron
Al. van Loo. Née en 1879, blanche et orange, par Devon II,
par Devon (K. C. S. B., n° 4960), hors de Sportive, par
Rap II, hors de Fana. Rap II, par Rap (K. C. S. B.,
n° 977), hors de Blanche (K. C. S. B., n° 1087). Fana,
par Sancho (K. C. S. B., n° 1004), hors de Bess (K. C. S.
B., n° 1075). Mention honorable Bruxelles 1880, 3° prix Paris
1881, mention honorable Clèves 1881.

33. Cora, à M. V. Delloye-Preud'homme, Huy. Él. M. J. Dode-
mont, Huy. Née le 14 janvier 1882, blanche et brune, par
Naso II (K. C. S. B., n° 8123), hors de Mab (42) (K. C. S.
B., t. X) à M. Dodemont.

34. Dart II (K. C. S. B., n° 11314) (D. H. S. B., n° 794), à S. A. S.
le prince de Solms. Él. le propriétaire. Née en 1879, blanche
et brune , par Naso II (K. C. S. B., n° 8123) (D, II. S. B.,
n° 440), hors de Dart (K. C. S. B., n° 8139). 2° prix Utrecht
1881, 2° prix Clèves 1881, 2° prix Hanovre 1882, 1er prix
Spa 1882.

35. Fairy, à M. J. Dodemont, Huy. Él. le propriétaire. Née le
14 janvier 1882, blanche et orange, par Naso II (K. C. S.
B., n° 8123), hors de Mab (42) (K. C. S. B., t. X).

36. Frisky, à M. V. Delloye-Preud'homme, Huy. Él. M. le baron
Al. van Loo (Gand). Née en 1881, blanche et brune, par
Banjo (14), hors de Miss, à M. le baron van Loo. 3° prix
Spa 1882.

37. Juno Ier (D. H. S. B,, n° 460), à M. M. Reimbold, Cologne. Él.
M. Stroink, Enschede. Née le 26 avril 1880, blanche et jaune,
par Bray (D. H. S. B., n° 117), hors de Diana (D. H. S. B.,
n° 139). 1er prix Epreuves de Cologne 1882, 1er prix Épreuves
d'Aix-la-Chapelle 1882, 2° prix Épreuves d'Othée 1882.

38. Juno II (K. C. S. B., n° 10081), à M. Al. Lunden, Deurne-les-
Anvers. Él. M. Tondreau-Loiseau, Péruwelz (Hainaut). Née
le 15 février 1880, bleue tachetée de noir, par Don (K. C. S.
B., n° 9016), hors de Juno par un pointer de race espagnole
pure, hors de Bess, par Général (K. C. S. B., n° 868.)

39. Juno III, à M. P. Califice, Spa. Él. M. Paul Caillard, Belair, Loir-et-Cher (France). Née le 24 avril 1881, blanche et brune marron, par Bywell (K. C. S. B., n° 8106), hors de Breeze II (K. C. S. B., n° 10064).

40. Lasso (D. H. S. B., n° 804), à M. le baron Taets von Amerongen, Bessungen Darmstadt. Él. sir Th. Lennard, Bart, Belhus, Aveley, Romford, Essex (Angleterre). Née le 16 mai 1880, blanche à taches brunes, par Faust (K. C. S. B., n° 6034), hors de Moll, par Holford Crag, au duc de Westminster, hors de Nell, sœur de Champion-Drake (K. C. S. B., n° 842). 3° prix Clèves 1881, 2e prix Spa 1882.

41. La Vole (K. C. S. B., n° 11331) (D. H. S. B., n° 1112), à S. A. le prince Alb. de Soms Braunfels. Él. M. Lloyd Price, Rhiwlas Bala, North Wales (Angleterre). Née en juin 1880, blanche et brune, par Luck of Edenhall (K. C. S. B., n° 9022), hors de Belle-Faust (K. C. S. B., n° 10058). 1er prix Epreuves de Puppies Shreswbury 1881 et champion comme le meilleur Puppy des Épreuves; 1er et 2e prix partagé avec Fatima. Épreuves de Puppies du K. C. 1881, prix d'honneur et 1er prix exposition Spa 1882.

42. Mab (K. C. S. B., t. X), à M. le comte J. de Hemptinne (Gand), antérieurement à M. J. Dodemont, Huy. Él. M. Salter, Kelwedon, Essex (Angleterre). Née en avril 1879, blanche et brune, par Mike (K. C. S. B., n° 4215), hors de Belle « O » (K. C. S. B., n° 10055). M. T. H. Spa 1882.

43. Champion-Maggie (K. C. S. B., n° 9049), à S. A. le prince Alb. de Solms-Braunfels. Él. M. Lloyd Price, Rhiwlas Bala, North Wales (Angleterre). Né en février 1876, blanche et brun marron, par Bang (K. C. S. B., n° 739), hors de Bell, à M. Leach. 1er prix Birmingham 1879, Champion prix Birmingham 1880, 2e prix Crystal-Palace 1880, 2e prix Spa 1882.

44. Nell, à M. J. David, Liège. Él. M. Paul Caillard, Belair, Loir-et-Cher (France). Née le 24 avril 1881, blanche et brun marron, par Bywel (K. C. S. B., n° 8106), hors de Breeze (K. C. S. B., n° 10064).

Brutus, mâle blanc, tête tape-à-l'œil, deux ans et demi, primé en
Angleterre, à M. C. Lachaume, 26, rue Jean Goujon, 1er prix *ex-
œquo*.

Bliss, femelle blanche, deux ans et demi, à M. G. Lachaume,
26, rue Jean Goujon, 2e prix.

X..., à M. Fourment, 16, boulevard de Courcelles, mention honorable.

Tom, bringé, quinze mois, à M. Bocquet, mention honorable.

118e Classe. — BULL-TERRIERS

Major, bull-terrier mâle, blanc. 1er prix Birmingham, 1879. 1er prix
Birmingham, 1880. 2e prix, 1881. 1er prix, 1882, à M. P. Caillard, 1er prix.

Pussy, bull-terrier femelle, blanc, 2e prix Alexandra Palace, à Londres, 1883, à M. P. Caillard, 2e prix.

119e Classe. — FOX-TERRIERS

Gaudy, fox-terrier mâle blanc, tricolore origine (Atherstonehounds),
à M. P. Caillard, 1er prix.

Puzzy, fox-terrier blanc taches marron, trois ans, à M. Mac-Swiney,
mention honorable.

120e Classe. — TERRIERS

Dick, deux ans, bringé, à M. Hardiviller, mention honorable.

Schnauz, ratier poil dur roux, à M. Esig, à Leonberg (Wurtemberg), mention honorable.

121e Classe. — PETITS DANOIS

Stop, à M. de Laigue, rappel de 1er prix 1882.

122e Classe. — CANICHES

MALES

Rabagas, caniche noir, deux ans, à Mlle Jeanne Caylus, 78, rue Geoffroy, avenue de Villiers, 1er prix *ex-œquo*.

Pacha, caniche noir, un an, à M. Meunier, 26, rue Joubert,
1er prix *ex-œquo*.

Trimm, caniche noir à M. de La Salle, lieutenant de dragons, à Joigny, mention honorable.

Marco, caniche noir, deux ans, par Pacha, hors de Négressse. 1er prix Amiens 1883, mention honorable.

FEMELLES

Mina, dix-huit mois, caniche noir, par Turco, à M. Boulet, 1er prix.

Moutonne, deux ans, caniche noir, par Turco, à M. Iffernet, mention honorable.

124e Classe. — LOULOUS

Spick, loulou noir de Poméranie, deux ans, né chez M. Burger, à Lonberg. (Wurtemberg). Mention très honorable Spa 1882, à M. Bourceret, 1er prix.

14e GROUPE

Chiens de luxe et d'appartement.

125e Classe. — LEVRONS D'ITALIE

Léda, deux ans, femelle noisette, à Mlle Gruel, médaille de vermeil, 1er prix.

Blitz, deux ans, mâle noisette, par Marco, hors de Léda, à M. Hardiviller, médaille d'argent, 1er prix.

Faust, un an et demi, noisette, à M. Ravry, mention honorable.

127e Classe. — LEVRONS DE CHINE

Kinn, à M. J. Bonneton, 1er prix.

Tainy, quatre ans, mâle tigré, par Job, hors de Sally, né à New-York, à M. S. Meyer, 2e prix.

Souris, à M. Magnani, mention honorable.

129e Classe. — TOY-TERRIERS

Prince, deux ans, noir et feu, par Dick, hors de Tainy, à M. Hardiviller, médaille de vermeil, 1er prix.

Betty, deux ans, noir et feu, par Dash, hors de Ketty, à M. Bocquet, médaille d'argent, 1er prix.

Toby, deux ans, noir et feu, à M. Archier, mention honorable.

Nini, à Mme V^o Pochet, 251, rue Saint-Jacques, mention honorable.

Pluck, un an, noir et feu, à M. Thill, 17, rue Labruyère, à Paris, mention honorable.

130e Clssse. — TOY-BULL-TERRIERS

Perle, chienne bringé caille, dix-huit mois, 1er prix, Spa hors de Blanche, à Mme Bourceret, mention honorable.

131e Classe. — CARLINS

Toby, deux ans, mâle, gris et noir, importé d'Angleterre, à M. E. de Argaez, *médaille de vermeil*, 1er *prix*.

Etqui, un an, par Caro, hors de Mirza, à M. Hardiviller, mention honorable.

Kiss, chienne, dix-huit mois, poil roux, à M. Ravry. Rappel de 2° prix 1882, mention honorable.

132e Classe. — TERRIERS D'ÉCOSSE

Ret, deux ans, gris poil dur, à Mme Bourceret, médaille de vermeil, 1er prix.

Kiss-me, terrier écossais poil fauve, deux ans et demi, à M. Drouin, à Ivry-sur-Seine, prix unique.

Mouskie, un an, poil dur, à Mme Renouard, mention honorable.

133e Classe. — TERRIERS DU YORKSHIRE

Beauty, à Mme Renouard, 1er prix *ex-æquo*.

Pedigree : Beauty, chienne terrier, deux ans, poil bleu, par Gypsy, hors de Minnie (1er prix Birmingham), à Mme Renouard, médaille de vermeil.

Studberg, à Mme Bourceret, 1er prix *ex-æquo*.

Pedigree : Champion-Studberg, chien trois ans, poil bleu, par Bruce, hors de Ketty. Primé Londres 1882, Clèves 1881, Londres 1883, prix d'honneur.

Diamant, deux ans, par Charley, hors de Beauty, à M. Bourceret. rappel de 2e prix 1882, mention honorable.

Kiss, chienne, 18 mois poil roux, à M. Ravry, mention honorable.

136ᵉ Classe. — TERRIERS SKYES

Jack, quatre ans, bleu argenté. 2ᵉ prix 1881, par Otter, hors de Minnie, à M. H. Noël, médaille d'argent, 1ᵉʳ prix.

137ᵒ Classe. — KING'S CHARLES

Milord, mâle, trois ans, noir et feu, par Champion-Dick, hors de Rosa, à Mᵐᵉ Renouard, médaille de vermeil, 1ᵉʳ prix.

138ᵒ Classe. — BLEINHEIMS

Charlie, mâle deux ans, blanc et orange, par Milord, hors de Gipsy, à Mᵐᵉ Renouard, médaille de vermeil, 1ᵉʳ prix.

139ᵒ Classe. — BICHONS HAVANAIS

Bijou, trois ans blanc, à Mᵐᵉ Renouard, médaille de vermeil, 1ᵉʳ prix.

140ᵒ Classe. — BICHONS MALTAIS

Marquesa, quinze mois, à Mˡˡᵒ de Vivenco. Médaille d'argent, 1ᵉʳ prix.

Maltaise, à Mᵐᵒ Bourceret, mention honorable.

Rappel de prix 1882. Lot de huit chiens exposés par Mᵐᵉ de Massemin (Maltais-Havanais).

Classe 140 *bis*. — CHIENS JAPONAIS

Yama, à Mᵐᶜ Longley, prix unique.

15ᵉ GROUPE

Chiens des régions boréales et australes.

143ᵉ Classe. CHIENS DES ESQUIMAUX

Tom, à Mᵐᵒ Marmier, 49, rue Caumartin, à Paris, 1ᵉʳ prix.

INSCRIPTIONS AU STUD BOOK CONTINENTAL
Juillet 1883

—

2259. FRAU, pointer femelle blanc, à taches marron, à M. Vacherot, 89, boulevard Bineau, à Neuilly, près Paris. Éleveur M. Sam Price.

Pedigree : FRAU, ex-Browne, achetée à M. le baron Max Taets de Amerongen, à Bessungen, près Darmstadt (Allemagne), par Pax, à M. Statter, hors de Climax. — Pax, par Faust (K. C. S. B., n° 6034), hors de Pasch, à M. Statter. — Climax, par Bang (K. C. S. B., n° 739), hors de Juno (K. C. S. B., n° 9047). — Pasch, par Pasch, au duc de Portland, hors de Sapho, à M. Statters. — Bang, par Bang, à M. Coham, hors de Vesta. — Juno, par Mike (K. C. S. B., n° 4215), hors de Bell.

2260. DICK, setter irlandais, mâle, rouge, petite tache blanche à la poitrine, à M. E. Faure, lieutenant au 68ᵉ de ligne, à Issoudun (Indre).

Pedigree : DICK, née le 28 juin 1881, chez M. Josson, au Raincy, acheté en juin 1883, à M. Barreyre, à Châteaumeillant, par Palmerston II (K. C. S. B., n° 6180), hors de Nora, à M. Josson. — Palmerston II, par Dash, hors de Nell. — Nora, par Prim, hors de Nell, à M. Jephson. Dash, par Old-Schot, hors de Kate. — Nell, par Ranger (K. C. S. B., n° 1849), hors de Bell. — Prim, par Sir, hors de Jill. — Nell, par Ranger, hors de Bell.

2261. BLANCAUD, étalon griffon français, blanc et orange, vingt pouces, à M. Ernest Chamiot, château des Essarts (Haute-Vienne).

Pedigree : BLANCAUD, né le 1ᵉʳ septembre 1881, chez le propriétaire, par Ménélas, hors de Gauloise. — Ménélas, par Romulus, hors de Junon II. — Romulus, par Commandeur, hors de Fingale. — Commandeur, par Lumino, hors de Descampe. — Lumino, par Marco, hors de Junon.

2262. BARBOUILLAUDE, lice griffon français, blanc et orange, dix-neuf pouces, à M. Ernest Chamiot, château des Essarts (Haute-Vienne).

> *Pedigree :* BARBOUILLAUDE, née le 10 octobre 1880, chez le propriétaire, par Romulus, hors de Gauloise. — Romulus, par Commandeur, hors de Fingale. — Commandeur, par Lumino, hors de Descampe. — Lumino, par Marco, hors de Junon.

2263. ROMÉO, grand danois bleu ardoisé, à M. Eugène Masseloux, à Ruffec.

> *Pedigree :* ROMÉO, grand danois, né le 20 mars, chez M. Siraudin, château de Marigny, près Flavigny (Côte-d'Or), vendu à M. Henri Roufignat, puis à M. Eugène Masseloux, à Ruffec, par Roméo, à M. Esdouhard, château de Quincey (Côte-d'Or), hors de Werda II, à M. Siraudin. — Roméo, au Jardin d'acclimatation du bois de boulogne, importé de Danemark. — Werda II, née au Jardin d'acclimatation, par Werda Ier.

2264. RACHEL II, lice anglo-française, à M. Ernest Chamiot, château des Essarts (Haute-Vienne).

> *Pedigree :* RACHEL II, née le 10 mai 1881, chez M. Chambry, à Blois, par Grand-Mandrin, hors de Rachel. — Grand-Mandrin, par Solitaire, hors de Triomphante. — Solitaire, par Mène-à-Mort, hors de Salomé. — Mène-à-Mort (S. B. C., n° 2176).

2265. BRUTUS
2266. REA
2267. CHARBONNEAU
2268. VITESSE

chiens gascons purs, nés le 1er avril 1883, chez M. Fernand Laval, château de Miraval, près Castries (Tarn), achetés par M. Charles Boissel, propriétaire à Juage-Mondaye, près Bayeux (Calvados).

> *Pedigree :* BRUTUS, REA, CHARBONNEAU, VITESSE, par Romulus (S. B. C., n° 2198), hors de Finette (S. B. C., n° 2205).

EXPOSITION INTERNATIONALE CANINE

A OSTENDE

(Avec le concours de l'Administration communale)

LES SAMEDI 28, DIMANCHE 29, LUNDI 30
ET MARDI 31 JUILLET 1883

Commission directrice de l'Exposition.

MM. Ch. Janssens, bourgmestre d'Ostende, membre de la Chambre des représentants, président d'honneur. — Le comte de Beauffort, président (rosette blanche). — Le baron de Serret, Ern. Visart, Ch. Della Faille, Max. Helin, membre du conseil communal, Jules Morren, membres (rosette verte). — J. de Dorlodot, à Luslin près Namur, secrétaire (rosette bleue). — Em. Coenegracht, 29, rue Joseph II, à Bruxelles, secrétaire-adjoint (rosette bleue). — Spratt, secrétaire pour l'Angleterre (rosette bleue).

Juges des Concours (rosette rouge).

MM. Reimbolt, de Cologne. — G. Lowe, Esq., membre du Kennel Club (Angleterre). — Frank Adcock, Esq., membre du Kennel Club (Angleterre). — Bellecroix, rédacteur en chef de la *Chasse illustrée* de Paris. — Joseph David, d'Anvers.

Inspecteur-Vétérinaire (rosette violette).

M. Verraert, médecin vétérinaire du gouvernement, à Ostende.

Directeurs du Service (rosette tricolore).

MM. Charles Cruft (Angleterre). — Vander Snickt (Belgique).

ABRÉVIATIONS

L. O. S. H., livre d'origine de la Société Saint-Hubert. — K. C. S. B., Kennel Club Stud Book. — D. H. S. B., Deutsches Hunde Stamm Buch. — Él., éleveur. — Prop., propriétaire. — Pr., prix. — M. T. H., mention très honorable. — M. H., mention honorable. — M., mâle. F., femelle.

LISTE DES PRIX

PREMIÈRE CATÉGORIE

Chiens de chasse.

Au plus beau chien de chasse.

Prix d'honneur : le portrait du vainqueur, offert par M. Martinus Kuytenbrouwer, peintre de S. M. le roi des Pays-Bas, ancien peintre de la vénerie impériale à Fontainebleau, rédacteur en chef et graveur du journal illustré *Chasse et Pêche, Sport, Vie en plein air.*

Dan II, ayant remporté outre le premier prix et le prix d'honneur de la classe des pointers, la coupe offerte par S. A. S. le prince Alb. de Solms pour le plus beau chien d'arrêt né et élevé en Belgique, est retiré de ce concours par son propriétaire, M. le comte de Beauffort.

Prix d'honneur : Tam of Braunfels. S. A. S. le prince Alb. de Solms.

DEUXIÈME GROUPE

6e, 8e, 9e, 10e, 12e Classes.

Prix d'honneur offert par le Cercle du Kursaal au plus beau chien courant de race française.

Prix d'honneur. — Vendée, à M. le baron Aug. du Sart de Bouland.

6e Classe. — CHIENS COURANTS A POILS RAS

des différentes races françaises de grand équipage.

2e prix. — Tourbillon, M. le baron Aug. du Sart de Bouland.
  Pedigree. Tourbillon, vendéen, M. quatre ans et demi, blanc et orange, par Royaleau, hors de Sonnante. El. M. de Baudry-d'Asson. — Pas à vendre.

2e prix. — Anecdote, au même.
  Pedigree. Anecdote, poitevin, F. trois ans et demi, blanche et

noire, feu aux yeux. El. M. le vicomte Louis de Montsaulnin. —
Pas à vendre.

M. T. H. — FLAMBEAU, M. Ravry.

Pedigree. FLAMBEAU, chien d'Artois, M. un an, tricolore. —
A vendre, 500 francs.

M. T. H. — BALIVEAU. M. le baron Aug. du Sart de Bouland.

Pedigree. BALIVEAU, vendéen, M. quatre ans et demi, blanc et
orange, par Royaleau, hors de Sonnante. El. M. de Baudry-
d'Asson. — *Pas à vendre.*

M. H. — MARQUIS, Mlle Nelly Cocquereau.

Pedigree. MARQUIS, saintongeois, M. un an, noir, brun et blanc.
— Pas à vendre.

M. H. — NESTOR, M. Ch. Bocquet.

Pedigree. NESTOR, saintongeois, M. dix-huit mois, blanc et noir
marqué de feu, par Cerf-Volant hors de Vitesse. El. M. Benoit
Champy.

8° Classe. — CHIENS COURANTS DE PETIT ÉQUIPAGE

2° prix. — BELAUDE, M. C. Bocquet.

Pedigree. BELAUDE, briquet d'Artois. F. deux ans, tricolore,
par Ramoneau, hors de Fanfare. El. le propriétaire.

M. H. — ROQUELAURE, M. Hardiviller.

Pedigree. ROQUELAURE, briquet d'Artois, M. quatorze mois,
tricolore. El. M. Desoignes. — A vendre, 500 francs.

9° Classe. — BASSETS A POIL RAS DE GRANDE TAILLE
de race française.

2° prix. — BRAVO, M. de Magnitot.

Pedigree. BRAVO, M. cinq ans, fauve, manteau noir, par
Flambeau hors de Fanfare, Flambeau par Miraut hors de Tem-
pête, Fanfare par Miraut hors de Ravaude. El. le propriétaire. —
Pas à vendre.

2° prix. — RAMEAU, M. Em. Coenegracht.

M. H. — TINTAMARRE, M. G. Mauduit.

10ᵉ Classe. — CHIENS COURANTS A LONG POIL
de races françaises.

1ᵉʳ prix. — VENDÉE, M. le baron Aug. du Sart de Bouland.

Pedigree. VENDÉE, vendéenne, F. quatre ans et demi, blanche et orange, par Mousquetaire, hors de Rigolette. El. le propriétaire. 1ᵉʳ Pr. Spa 1882. — Pas à vendre.

M. H. — PISTON, M. C. Bocquet.

Pedigree. PISTON, griffon vendéen, M. six ans, blanc et orange. El. M. Baudry d'Asson. Médaille d'or Rotterdam 1879, 2ᵒ Pr. Bruxelles 1880, 1ᵉʳ Pr. Francfort 1880, 1ᵉʳ Pr. Hanovre 1882.

12ᵉ Classe. —BASSETS A LONGS POILS DE GRANDE TAILLE
de race française.

1ᵉʳ prix. — BELLONE, M. Ravry.

Pedigree. BELLONE, griffonne, F. trois ans et demi, tricolore. — A vendre, 250 francs.

2ᵒ prix. — FINETTE, M. Bocquet.

M. H. — FINOT, M. Bocquet.

Pedigree. FINOT, griffon vendéen, deux ans, tricolore, par Met-à-Mort, hors de Tambelle. El. le propriétaire. 2ᵉ Pr. Paris.

13ᵉ Cl. — CHIENS COURANTS BATARDS ANGLO-FRANÇAIS

1ᵉʳ prix. — BRIFFAUT, M. le baron Aug. du Sart de Bouland.

Pedigree. BRIFFAUT, anglo-vendéen, M. trois ans et demi, tricolore, par Royal, hors de Basquine. El. le propriétaire. 1ᵉʳ Pr. Spa, 1882. — Pas à vendre.

2ᵉ prix. — DIAVOLO, M. Hardiviller.

Pedigree. DIAVOLO, M. trois ans, tricolore. El. M. Varin d'Epensival. — A vendre, 300 francs.

TROISIÈME GROUPE

14e, 15e, 16° Classes.

Prix d'honneur offert par la Société des Hôteliers d'Ostende, au plus beau lévrier.

Prix d'honneur. — ADAR, Mᵐᵉ Bodinus, née d'Hoffschmidt.

14e Classe. — LÉVRIERS A POIL RAS (GREYHOUNDS)

1ᵉʳ prix. — MINA, M. Wallon, F. six ans, zébrée. El. M. Marleghem.

2° prix. — SARAH, M. C. Steinmetz. F. trois ans, Isabelle par Genthe Spring. El. le propriétaire. — A vendre, 400 francs.

M. T. H. — TRILBY, M. G. Schmidt. M. sept ans, gris fer et blanc. — Pas à vendre.

15e Classe. — LÉVRIERS D'ÉCOSSE A LONGS POILS (DEERHOUNDS)

1ᵉʳ prix. — SILVIO, M. W. Picard.

Pedigree. SILVIO (L. O. S. H. 12) (K. C. S. B. 8838). M. six ans, gris, par Duke (K. C. S. B. 4036), hors de Linda (K. C. S. B. 4770). El. M. le Dʳ J. Lamond Hemming. 1ᵉʳ Pr. Alexandra Palace 1879, 1ᵉʳ Pr. Bristol 1879, 1ᵉʳ Pr. Brighton 1879, 1ᵉʳ Pr. Spa 1882. — Pas à vendre.

2° prix. — SCHULATE, Mᵐᵉ Jacquelart.

Pedigree. SCHULATE, M. quatre ans, gris ; 3ᵉ Pr. Bruxelles 1880, 1ᵉʳ Pr. Utrecht 1881. — Pas à vendre.

M. T. H. — BRENDA, Mᵐᵉ Bodinus, née d'Hoffschmidt.

Pedigree. BRENDA, F. quatre ans, grise, par Lap-Nock (2ᵉ Pr. Bruxelles 1880), hors de Dagmar du chenil de lord Dudley. El. la comtesse d'Oultremont, née princesse de Croy [avec portée par Silvio (L. O. S. H. 12) (K. C. S. B. 8838)]. — Pas à vendre.

16ᵉ Classe. — LÉVRIERS A LONG POIL D'AUTRES RACES

russes, syriens, etc.

1ᵉʳ prix. — ADAR, Mᵐᵉ Bodinus, née d'Hoffschmidt.

    Pedigree. ADAR (L. O. S. H. 13). Lévrier russe, M. né en 1878, blanc, marqué orange sur le dos, origine inconnue. El. M. Cronau. 1ᵉʳ Prix Clèves 1881. 1ᵉʳ Prix Spa 1882. — Pas à vendre.

2ᵉ prix. — WALDINE, M. Ch. Cuvelier.

    Pedigree. WALDINE, lévrier russe, F. blanche et grise. El. M. Geoffroy Saint-Hilaire (Paris). — Pas à vendre.

M. T. H. FÉDORA, Mᵐᵉ Bodinus, née d'Hoffschmidt.

    Pedigree. FÉDORA, lévrier russe, F. blanche et grise avec portée 3 chiots de deux mois et demi, par Adar (L. O. S. H. 13). — Pas à vendre.

QUATRIÈME GROUPE

17ᵒ, 18ᵉ, 19ᵉ, 20ᵉ, 27ᵉ, 28ᵉ, 29ᵉ, 30ᵉ, 31ᵉ et 32ᵉ Classes.

Prix d'honneur. — Coupe offerte par S. A. S. le prince Alb. de Solms, au plus beau pointer ou setter de race pure, né et élevé en Belgique.

Prix d'honneur. — DAN II, M. le comte de Beauffort.

Prix d'honneur offert par la *Chasse illustrée*, un objet d'art à l'éleveur de pointers ou setters, dont les produits ont remporté le plus grand nombre de prix à l'exposition d'Ostende, soit présentés par lui, soit appartenant à d'autres propriétaires : S. A. S. le prince Alb. de Solms.

17ᵉ, 18ᵉ, 19ᵉ, 20ᵉ Classes.

Prix d'honneur offert par M. van Bevere, trésorier de la Société, au plus beau pointer.

Prix d'honneur. — DAN II, M. le comte de Beauffort.

17ᵉ Classe. — POINTERS DE GRANDE TAILLE

1ᵉʳ prix. — DAN II, M. le comte de Beauffort.

Pedigree. DAN II (L. O. S. H. 19) (K. C. S. B. 11284) (D. H. S. B., t. V), trois ans, blanc à taches brunes, par Wizard (L. O. S. H. 30) (K. C. S. B. 10051), hors de Belle IV (K. C. S. B. 10057). Wizard par Wagg (K. C. S. B. 4227). Él. le propriétaire. 1ᵉʳ Pr. Utrecht 1881, 3ᵉ Pr. Clèves 1881, 2ᵉ Pr. Alexandra Palace 1881, 2ᵉ Pr. Berlin 1883. — Pas à vendre.

2ᵒ prix. — LANCET OF BRAUNFELS, S. A. S. le prince Alb. de Solms.
Pedigree. LANCET OF BRAUNFELS (L. O. S. H. 26) (K. C. S. B. 13373), né en février 1879, blanc et marron, par Champion-Old-Bang (K. C. S. B. 739), hors de Jessamine par Mars (K. C. S. B. 914), hors de Jilt. Él. M. G. Pilkington. 2ᵒ Pr. Spa 1882. — Pas à vendre.

3ᵉ prix. — BOY-GRANGER, M. J. Dodemont.
Pedigree. BOY-GRANGER (L. O. S. H. 18) (K. C. S. B. 13351) dix-huit mois, blanc et orange, par Naso II (K. C. S. B. 8123), hors de Mab (L. O. S. H. 42) (K. C. S. B., t. X). Él. le propriétaire. — Pas à vendre.

M. T. H. — TOM, M. Eug. Walravens.
Pedigree. TOM, trois ans, blanc et brun marron, par Bismarck (Pr. Haarlem 1880) à M. H. Orban, hors de Miss à M. Roberti, directeur du Jardin d'acclimatation à Liège. Él. M. Roberti. — A vendre 2,000 francs.

18ᵒ Classe. — POINTERS DE GRANDE TAILLE
(chiennes pesant au moins 22 kilog. 1/2.)

1ᵉʳ prix. — DART II, S. A. S. le prince Alb. de Solms.
Pedigree. DART II (L. O. S. H. 34) (K. C. S. B. 11314) (D. H. S. B. 794) née le 24 janvier 1880, blanche et brun marron, par Naso II (L. O. S. H. 27) (K. C. S. B. 8123) (D. H. S. B. 440), hors de Dart (K. C. S. B. 8139). 2ᵉ Pr. Utrecht 1881, 2ᵉ Pr. Clèves 1881, 2ᵒ Pr. Hanovre 1882, 1ᵉʳ Pr. Spa 1882. — A vendre, 800 francs.

2ᵒ prix. — FRISKY, M. V. Delloye-Preud'homme.
Pedigree. FRISKY (L. O. S. H. 36), deux ans, blanche et brune, par Banjo (L. O. S. H. 14), hors de Miss, à M. le baron

Alb. van Loo. Él. M. le baron Alb. van Loo. 3ᵉ Pr. Spa 1882.
— Pas à vendre.

3ᵉ prix. — PETTIGO, S. A. S. le prince Alb. de Solms.

Pedigree. PETTIGO, trois ans, blanche et brun marron, par
Tory (K. C. S. B. 9047). Él. M. Sam. Price. — A vendre,
1,000 francs.

M. T. H. — JUNO III, M. P. Califice.

Pedigree. JUNO III (L. O. S. H. 39) née le 24 avril 1881,
blanche et brun marron, par Bywell (K. C. S. B. 8106), hors de
Breeze II (K. C. S. B. 10064). Él. M. Paul Caillard. — Pas à
vendre.

M. H. — PLUME, M. Alb. Bertrand.

Pedigree. — PLUME (L. O. S. H. 46), six ans, blanche et
brune, par Grouse, à M. H. Orban, hors de Bill, à M. J. Dodemont. Él. M. Dodemont. — Pas à vendre.

19ᵉ Classe. — POINTERS DE PETITE TAILLE

1ᵉʳ prix. — GARRY, S. A. S. le prince Alb. de Solms.

Pedigree. GARRY (K. C. S. B. 13364) né le 1ᵉʳ juin 1881,
blanc et brun marron, par Garnet (K. C. S. B. 8114), hors de
Flirt à Lord Sefton. Él. M. G. Pilkington. Pr. d'honneur Berlin
1883. — Pas à vendre.

2ᵉ prix. — NASO OF KIPPEN, M. F. Lowe.

Pedigree. NASO OF KIPPEN, treize mois, blanc et brun, par
Naso II (L. O. S. H. 27) (K. C. S. B. 8123) (D. H. S. B. 440),
hors de Champion-Maggie (L. O. S. H. 43) (K. C. S. B. 9049).
Él. S. A. S. le prince Alb. de Solms. — A vendre, 750 francs.

3ᵉ prix. — NASO II, S. A. S. le prince Alb. de Solms.

Pedigree. NASO II (L. O. S. H. 27) (K. C. S. B. 8123) (D. H.
S. B. 440) né en février 1877, blanc et brun marron, par Naso
(K. C. S. B. 7087), hors de Miranda II. Él. S. A. S. le prince de
Solms. Expositions : 1ᵉʳ Pr. Berlin 1880, Coupe d'honneur Elberfeld 1880, 1ᵉʳ Pr. Clèves 1881, 1ᵉʳ Pr. Hanovre 1882, 2ᵉ Pr. Spa
1882, 2ᵉ Pr. Berlin 1883. Field trials : 1ᵉʳ Pr. Berlin 1879,
1ᵉʳ Pr. Oppeln 1879, 1ᵉʳ Pr. Hanovre 1880, 1ᵉʳ Pr. Oppeln 1880,
1ᵉʳ Pr. Prague 1881. — Pas à vendre.

M. T. H. — Banjo, M. Joseph de Hemptinne.

Pedigree. Banjo (L. O. S. H. 14), blanc et brun, par Young-Bang (K. C. S. B. 4994) hors de Jane (K. C. S. B. 8144). Él. M. de Landre Macdona. 2e Pr. Haarlem 1880, 4° Pr. Bruxelles 1880, 3e Pr. Clèves 1881, 2e Pr. Paris 1881, 3° Pr. Spa 1882. — Pas à vendre.

20e Classe. — POINTERS DE PETITE TAILLE
(chiennes au-dessous de 22 kilos 1/2.)

1er prix. — Champion-Maggie, S. A. S. le prince Alb. de Solms.

Pedigree. Champion-Maggie (L. O. S. H. 43) (K. C. S. B. 9049), née en février 1876, blanche et brun marron, par Champion-Old-Bang (K. C. S. B. 739), hors de Bell. Él. M. Lloyd Price. 1er Pr. Birmingham 1879. Champion Pr. Birmingham 1880, 2e Pr. Crystal Palace 1880, 2° Pr. Spa 1882. — Pas à vendre.

2e prix. — Forest-Beauty, M. Herbert Moser.

Pedigree. Forest Beauty, née le 18 mars 1882, blanche et brune par Priam (K. C. S. B. 5124), hors de Tidings (K. C. S. B. 11356). Él. M. Shirley. 3e Pr. Cristal Palace (puppies), 2e Pr. Crystal Palace 1883. — A vendre, 1,750 francs.

3° prix. — Guina II, S. A. S. le prince Alb. de Solms.

Pedigree. Guina II, née en août 1881, blanche et brun marron, par Naso II (L. O. S. H. 27) (R. C. S. B. 8123) (D. H. S. B. 440), hors de Guina (K. C. S. B. 11324). Él. S. A. S. le prince Alb. de Solms. — A vendre, 1,000 francs.

M. T. H. — Sydney III, au même.

Pedigree. Sidney III, née le 27 février 1882, blanche et brun marron marquée de feu à la tête, par Naso II (L. O. S. H. 27) (K. C. S. B. 8123) (D. H. S. B. 440), hors de Sidney II (K. C. S. B. 11353). Él. S. A. S. le prince Alb. de Solms. 1er Pr. Épreuves Berlin 1883. — A vendre, 1,200 francs.

M. H. — Fairy, M. J. Dodemont.

Pedigree. Fairy (L. O. S. H. 35) née le 14 janvier 1882, blanche et orange, par Naso II (K. C. S. B. 8123), hors de Mab (L. O. S. B. 42) (K. C. S. B. 13435), — Pas à vendre.

M. H. — Croisette, M. V. Jehin-Legrand.

Pedigree. Croisette, quatre ans, blanche et orange, par Wizard (L. O. S. H. 30) (K. C. S. B. 10051), hors de Belle IV (L. O. S. H. 31) (K. C. S. B. 10057). Él. M. le comte de Beauffort.

21°, 22°, 23°, 24°, 25°, 26° Classes.

Prix d'honneur offert par la Société Saint-Hubert, au plus beau chien d'arrêt à poils ras, de races française, allemande, ou du pays.

Prix d'honneur. — Jack II, M. L. van der Belen.

22° Classe, — CHIENS D'ARRÈT A POIL RAS, BRAQUES ALLEMANDS (GLATT HAARRIGER HUEHNERHUND)

2° prix. — Flora, M. Ed. Morren.

Pedigree. Flora, quatre ans, brune et blanche mouchetée, par Bertrix, 1ᵉʳ Pr. Baden-Baden 1880, hors de Flora. Él. M. Neeman. — Pas à vendre.

23° Classe. — CHIENS D'ARRÊT A POILS RAS
de races françaises, braques Dupuy, braques sans queue du Bourbonnais, braques tricolores, etc.

Pas de prix décernés.

24° Cl. — BRAQUES BLANCS ET ORANGE SAINT-GERMAIN

1ᵉʳ prix. — Jack II, M. van der Belen.

Pedigree. Jack II, M. six ans, blanc à taches orangées, par Mac-Mahon, hors de Myrrha. Él. le propriétaire. Pr. d'honneur et 1ᵉʳ Pr. Bruxelles 1880. — A vendre, 300 francs.

2° prix. — Miss, Mˡˡᵉ Emma Leysen.

Pedigree. Miss, F. deux ans et demi, blanche et orange, par Jack II, ci-dessus hors de Miss. Él. M. Voss-Hubert. — Pas à vendre.

25° Classe. — CHIENS D'ARRÊT A POILS RAS
Braques du pays de race pure. — Pas de prix décernés.

26ᵉ Classe. — CHIENS D'ARRÊT A POILS RAS

Braques du pays de race pure.

FEMELLES.

1ᵉʳ prix. — FOLETTE (L. O. S. H. 52) née en 1872, blanche et brune. M. H. Caboulet.

2ᵉ prix. — FLORA, M. Ed. Morren.

Pedigree. FLORA, quatre ans, brune et blanche, mouchetée, par Bertrix (1ᵉʳ Pr. Baden-Baden 1880), hors de Flora. Él. M. Neeman. — Pas à vendre.

27ᵉ, 28ᵉ, 29ᵉ, 30ᵉ, 31ᵉ, 32ᵉ Classes.

Prix d'honneur offert par M. le comte de Beauffort, président de la Société, au plus beau setter.

Prix d'honneur. — TAM OF BRAUNFELS, S. A. S. le prince Albert de Solms.

27ᵉ Classe. — ENGLISH-SETTERS

CHIENS.

1ᵉʳ prix. — TAM OF BRAUNFELS, S. A. S. le prince Alb. de Solms.

Pedigree. TAM OF BRAUNFELS (L. O. S. H. 62) (K. C. S. B. 11404) (D. H. S. B. 1163), né en avril 1881, blanc marqué de noir (blue belton) par Tam O'Shanter (K. C. S. B. 6118) hors de Daisy (K. C. S. B. 6130). Él. M. James. Expositions : 2ᵉ Pr. Spa 1882, Pr. d'honneur Berlin 1883. Épreuves : 4ᵉ Pr. Field-Trials de Shrewsbury 1882, 1ᵉʳ Pr. Épreuves Cologne 1883, 1ᵉʳ Pr. Épreuves Berlin 1883. — Pas à vendre.

2ᵉ prix. — YOUNG-BLUE-PRINCE, au même.

Pedigree. YOUNG-BLUE-PRINCE (L. O. S. H. 63) (K. C. S. B. 11412) (D. H. S. B. 216), né le 1ᵉʳ août 1879, blanc marqué de noir (blue belton) par Tam O'Shanter (K. C. S. B. 6118), hors de Fussy (K. C. S. B. 7203). Él. M. Staples Browne. 2ᵉ Pr. Hanovre 1882, Pr. d'honneur et 1ᵉʳ Pr. Spa 1882, Pr. d'honneur et 1ᵉʳ Pr. Munich 1883. — Pas à vendre.

3ᵉ prix. — PRINCE-MAX, M. Aug. Tondreau-Loiseau.

Pedigree. PRINCE-MAX (K. C. S. B. 10154) né le 14 avril 1880, bleu truité (blue belton) par Tam O'Shanter (K. C. S. B. 6118), hors de Countess par Rob-Roy (K. C. S. B. 1417), hors de Romp. Él. M. Salter. — A vendre, 5,000 francs.

M. T. H. — Young-Marquis, S. A. le prince Alb. de Solms.
Pedigree. Young-Marquis (L. O. S. H. 64) (K. C. S. B. 11414) (D. H. S. B. 518), né en août 1879, blanc marqué de noir (blue belton) par Tam O'Shanter (K. C. S. B. 6118) hors de La Reine (K. C. S. B. 6138). Él. M. Grant. 1er Pr. Utrecht 1881, 2° Pr. Clèves 1881, 3° Pr. Spa 1882, 2° Pr. Berlin 1883. — A vendre, 800 francs.

M. T. H. — Baron of Darmstadt, M. W. Strouts.
Pedigree. Baron of Darmstadt, vingt-deux mois, blanc avec taches noires, par Prince II (D. H. S. B. 201), hors de Maud. Él. le baron Taets von Amerongen. 3° Pr. Maidstone 1882. — A vendre, 500 francs.

M. H. — Rival II, M. Robert Fontaine.
Pedigree. Rival II, né le 7 avril 1882, blanc et orange, par Rival (K. C. S. B. 8189), hors de Bell à S. A. S. le prince de Solms (2° Pr. Haarlem 1880). — A vendre, 800 francs.

28° Classe. — ENGLISH SETTERS
CHIENNES.

1er prix. — Empress-Symbol, M. G. Rumfold-Robinson.
Pedigree. Empress-Symbol, trois ans, bleu truité (blue belton) par Fred V (K. C. S. B. 7151), hors de Blue-Cora (K. C. S. B. 9120). Él. le propriétaire. — A vendre, 5,250 francs.

2° prix. — Gynie, Mme Bodinus, née d'Hoffschmidt.
Pedigree. Gynie (K. C. S. B. 11435) née en 1879, blanche et orange, par Champion Rock (K. C. S. B. 4280), hors de Julia, sœur de Little-Jim à M. Lort et de Lass of Llanllagan (K. C. S. B. 8212). Él. M. F. Adcock. 1er Pr. Macclesfield 1880, 1er Pr. Manchester 1881, 2° Pr. Harnworth 1881, 2° Pr. Alexandra Palace 1881, 3° Pr. Sheffield 1881, 2° Pr. Warwick 1883, 3° Pr. Sheffield 1883.

3° prix. — Daphné, S. A. S. le prince Alb. de Solms.
Pedigree. Daphné (L. O. S. H. 71) (K. C. S. B. 8203) (D. H. S. B. 533), née en mars 1878, blanche tachetée de noir (blue bel-

ton), par Champion Dash II (K. C. S. B. 5039) hors de Duchess
à M. Brewis, par Dash II (K. C. S. B. 1342) hors de Queenie.
Él. M. G. Brewis. 2° Pr. Berlin 1880, 2° Pr. Eberfeld, 1880,
Pr. d'honneur, Pr. extra et 1er Pr. Clèves 1881, 1er Pr. Spa
1882, Pr. d'honneur et 1er Pr. Munich 1883. — Pas à vendre.

M. T. H. — Miss, M. Alb. van Bevere.

Pedigree. Miss, née le 5 juin 1881, blanche et brune, par
Bang II hors de Nell. — Bang II par Bang hors de Juno; Bang
par Rebtom au duc d'Athol, hors de Sal à lord Carlisle. — Nell
par Tom hors de Juno. — Él. le propriétaire.

M. T. H. — Flora, M. P. Califire.

Pedigree. Flora (L. O. S. H. 73), née le 16 juillet 1882, blue
belton, tête noire, par Count (D. H. S. B. 513), hors de Princess-
Irène (D. H. S. B. 248). — Él. M. U. Marais (Hanovre).

M. H. — Rum-Granger, M. J. Dodemont.

Pedigree. Rum-Granger (L. O. S. H. 81), vingt-deux mois,
blanche, oreilles noires et mouchetée de noir, par Young-Marquis (K. C. S. B. 11414), hors de Rum (D. H. S. B. 249).
Él. S. A. S. le prince Alb. de Solms. — Pas à vendre.

29e Classe. — SETTERS GORDON

MALES.

1er prix. — Bishop, S. A. S. le prince Alb. de Solms.

Pedigree. Bishop (L. O. S. H. 82) (K. C. S. B. 10235) (D. H.
S. B. 1186), né en 1880, noir et feu, par Champion-Bob (K. C.
S. B. 8230), hors de Bangle, par Champion. Duke (K. C. S. B.
1592), hors de Moll (K. C. S. B. 7249). Él. M. Parson. 1er Pr.
Alexandra Palace 1880, 1er Pr. Alexandra Palace 1882. —
A vendre, 1,500 francs.

2° prix. — Bob, M. Georges Palmers.

Pedigree. Bob, né le 13 avril 1882, noir et feu, par Ronald II
(D. H. S. B. 566), hors de Belle II (K. C. S. B. 10262) (D. H. S. B.
880). Ronald II par Champion-Ronald (K. C. S. B. 6159), hors de
Nell (K. C. S. B. 9814). Él. M. U. Marais. — Pas à vendre.

3° prix. — Grouse, M. le baron A. Moffarts, quatorze mois, noir
et feu.

M. T. H. — Buffer, M. T. A. Manning.

Pedigree. Buffer, dix-sept mois, noir et feu, par Buffer, à M. Springel, hors de Juno IV, à M. Manning. Él. le propriétaire. 2e Pr. (Puppies) Crystal Palace 1883. — Pas à vendre.

M. H. — Carlo, au même.

Pedigree. Carlo, dix-sept mois, noir et feu, par Buffer, à M. Springel, hors de Juno IV, à M. Manning. Él. le propriétaire. — Pas à vendre.

30e Classe. — SETTERS GORDON

FEMELLES.

1er prix. — Alice, M. T. A. Manning.

Pedigree. Alice, dix-sept mois, noire et feu, par Buffer, à M. Springel, hors de Juno IV, à M. Manning. Él. le propriétaire. — Pas à vendre.

2e prix. — Vixen, au même.

Sa sœur, même pedigree.

3e prix. — Juno V, au même.

Sa sœur, même pedigree.

M. T. H. — Champion-Nell, Mme Bodinus, née d'Hoffschmidt.

Pedigree. Champion-Nell, née le 5 mai 1877, noire et feu, par Champion-Dash à M. Wilson, hors de Flo à M. Pickersgill. Él. M. Pickersgill. 1er Pr. Frosterley, Stanhope, Castle-Eden, Gateshead, Sedgefied, Durham, West Hartlepool, Frissington, Boroughbridge. 2e Pr. Stockton on Lees, Morpeth, Ryhope, Darlington. — Pas à vendre.

31e Classe. — IRISH SETTERS

MALES.

1er prix. — Palmerston II, M. Josson.

Pedigree. Palmerston II, huit ans, rouge acajou, par Dash (1er Pr. et coupe Dublin 1875), hors de Nell (2e Pr. Crystal Palace 1875) ; cinq fois primé en Angleterre. Médaille d'or Paris 1881, 1er Pr. Paris 1882, Rappel de 1er Pr. Paris 1883. — A vendre, 500 francs.

2ᵉ prix. — Eldon, M. J. Warren-Stone.

Pedigree. Eldon (K. C. S. B. 10301), né en février 1880, rouge, légère tache au front, par Brag, hors de Kate, hors de Belle. Brag, par Duke, hors de Quail. Él. M. Mc Bride. 1ᵉʳ Pr. (Puppies) Alexandra Palace 1881, 2ᵉ Pr. (Puppies) Belfast 1881. — A vendre, 2,500 francs.

3ᵉ prix. — Carlo, M. A. de Behault.

Pedigree. Carlo, quatre ans, rouge, par Whisper (K. C. S. B. 8280), hors de Quail (K. C. S. B. 8290). Él. le propriétaire.

32ᵉ Classe. — IRISH SETTERS

FEMELLES.

1ᵉʳ prix. — Sheelah, M. Ch. de Foullon.

Pedigree. Sheelah (L. O. S. H. 104) (K. C. S. B. 9208), cinq ans, rouge, par Shot, à M. Reidy, hors de Gyp, à M. H. Knight. Él. M. H. Knight. 2ᵒ Pr. Shifnal 1879, 2ᵒ Pr. Kendall 1880, 2ᵒ Pr. Bruxelles 1880. — Pas à vendre.

2ᵉ prix. — Bell, au même.

Pedigree. Bell, treize mois, rouge, marque blanche à la poitrine, par Tom (L. O. S. H. 96) (D. H. S. B. 901), hors de Sheelah (L. O. S. H. 104) (K. C. S. B. 9208). Él. le propriétaire. — Pas à vendre.

3ᵉ prix. — Miss, M. P. Rolin.

Pedigree. Miss, deux ans, rouge, par Squile, hors de Lisette, à M. Fichelle, de Marcq en Barœul. — Pas à vendre.

M. H. — Young-Pamela, S. A. S. le prince Alb. de Solms.

Pedigree. Young-Pamela, née le 6 mai 1882, rouge avec un peu de blanc, par Champion-Dot (L. O. S. H. 93) (K. C. S. B. 10299) (D. H. S. B. 896), hors de Pamela (K. C. S. B. 8287). Él. le propriétaire. 1ᵉʳ Pr. Berlin 1883. — A vendre, 550 francs.

33ᵉ, 34ᵉ, 35ᵒ, 36, 37ᵉ, 38ᵉ Classes.

Prix d'honneur offert par la Société Saint-Hubert au plus beau griffon ou chien épagneul :

Prix d'honneur. — Tell, M. J. Friedrich.

33º Classe.

ÉPAGNEULS RACE FRANÇAISE, ALLEMANDE ET DU PAYS
MALES

1ᵉʳ prix. — Fox, M. G. Herman, race du pays, brun et blanc tigré.

2ᵉ prix. — Fox, M. Ch. Fontaine, race française, blanc et brun marron. Él. M. Plaisant, à Lille. — Pas à vendre.

35º Classe.— GRIFFONS ALLEMANDS, FRANÇAIS ET DU PAYS
MALES.

1ᵉʳ prix. — CHAMPAGNE III, M. le baron Em. Coppens.

Pedigree. CHAMPAGNE III, seize mois, gris brun à taches marron, par Champagne II, hors de Betzy. — Pas à vendre.

2ᵉ prix. — DUC, M. J. Georges.

Pedigree. DUC, deux ans et demi, brun tacheté de blanc, tête brune, étoile au front, par Gary, à M. le vicomte de Roest, hors de Diane, à M. Georges. Él. le propriétaire. — A vendre.

36º Classe. — GRIFFONS
FEMELLES.

M. T. H. — MYRA, M. C. Bocquet.

Pedigree. MYRA, quinze mois, brune marron avec blanc à la poitrine et aux extrémités, par Sultan, hors de Belle. Él. le propriétaire.

37º Classe. — GRIFFONS A LONG POIL ET BARBETS
MALES.

1ᵉʳ prix. — TELL, M. J. Friedrich.

Pedigree. TELL, deux ans, blanc et jaune, par César, hors de Cora. Él. le propriétaire. — Pas à vendre.

2ᵉ prix. — Fox, M. Arth. de Pierpont, deux ans, blanc et brun. Él. M. Em. Pirmez. — A vendre, 400 francs.

38º Classe. — GRIFFONS A LONG POIL ET BARBETS
FEMELLES.

2ᵉ prix. — DIANE, M. Arth. de Pierpont, sept ans, gris brun. Él. M. le baron de Labbeville. — A vendre, 600 francs.

39° Classe. — SELLING CLASS, POINTERS ET SETTERS

2° prix. — MAJOR, M. L. Fauvel, de trois mois à un an.— A vendre, 275 francs.

CINQUIÈME GROUPE

40° Classe. — RETRIEVERS (CURLY-COATED)

Pas de prix décernés.

41° Classe. — RETRIEVERS A POIL LISSE (WAVY COATED)

2° prix. — UMBRAY, M. G. Mauduit, F. cinq ans, noire. — Pas à vendre.

SIXIÈME GROUPE

42° Classe.

ÉPAGNEULS CLUMBERS, NORFOLK, SUSSEX SPANIELS

1er prix. — BLOOMSBURY-BOB, M. Edw. van Brabant, sussex spaniel, né en 1882, brun. — A vendre, 600 francs.

2° prix. — GIPSY, M. Ch. della Faille.
  Pedigree. — GIPSY, cocker spaniel, F. trois ans, blanche et brune, par Ben, à M. L. Lemmé d'Anvers, hors de Lill à M. le baron Henri van Havre. Él. M. le baron H. van Havre. 1er Pr. Spa 1882. — Pas à vendre.

2° prix. — TOM, Mme Jacquelart, M. deux ans et demi, brun et feu. Pas à vendre.

43° Classe. — WATER SPANIELS

2° prix. — BARNEY, M. Alf. Cauty.
  Pedigree. BARNEY, M. né le 8 octobre 1881, par Old-Marinor, hors de Molley, tous deux à M. Hays. Molleys par Limerick (K. C. S. B. 7341), hors de Champion-Kathleen (K. C. S. B. 8336). Old-Marinor par Terrance, hors de Old-Kathleen. Él. M. Hays. M. H. Birmingham 1882. — A vendre, 400 francs.

SEPTIÈME GROUPE

44°, 45°, 46°, 47° Classes.

Prix d'honneur offert par la Société des Hôteliers d'Ostende, au plus beau dachshund.

Prix d'honneur. — WALDMANN, M. C. Bürger.

44ᵉ Classe. — BASSETS ALLEMANDS (DACHSHUNDE)
de 7 à 10 kilos.

1ᵉʳ prix. — Waldman, M. C. Bürger.

Pedigree. WALDMANN (L. O. S. H. 120), né en 1880, noir et feu, par Zanker, hors de Longa (D. H. S. B. 654). Él. M. Reisser, Ravensbourg. 1ᵉʳ Pr. Vienne 1882, 1ᵉʳ Pr. Spa 1882, prix d'honneur Aix-la-Chapelle 1883. — A vendre, 220 francs.

2ᵉ prix. — JAGER, M. E. L. Langton.

Pedigree. — JAGER (K. C. S. B. 10496), né en avril 1878, noir et feu, par Erdmann, hors d'Erda. Él. M. le comte Puckler. 1ᵉʳ Pr. Manningtree 1880, 2ᵉ Pr. Birmingham 1880, 2° Pr. Bridgnorth 1880, 1ᵉʳ Pr. Stratford-on-Avon 1880, 3ᵉ Pr. Crystal-Palace 1881, 2ᵉ Pr. Bristol 1882, 2ᶜ Pr. Sheffield 1882, 2ᵉ Pr. Hertford 1882. — Pas à vendre.

45ᵉ Classe. — DACHSHUNDE
FEMELLES.

2ᵉ prix. — GRETCHEN, M. C. Bocquet.

Pedigree. GRETCHEN, dix-huit mois, noire et feu, par Waldman, hors de Waldine. Él. le propriétaire. 1ᵉʳ Pr. Paris 1883.

2° prix. — WALDINE, M. C. Bürger.

Pedigree. WALDINE, trois ans, noire et feu, par Bergmann, hors de Longa. Él. le propriétaire. Avec chiots, par Soliman.

46ᵉ Classe. — DACHSHUNDE *au-dessous de 7 kilos.*
MALES.

1ᵉʳ prix. — FELDMAN, M. Förster, quatorze mois, origine inconnue. A vendre, 250 francs.

2ᵉ prix. — ERDMAN, M. C. Bürger.

47º Classe. — DACHSHUNDE *au-dessous de 7 kilos.*

FEMELLES.

2º prix. — ERDINE, M. C. Bürger.

48ᵉ, 49ᵉ Classes.

Prix d'honneur. — Coupe offerte, par la maison Spratt, au plus beau fox-terrier.

Prix d'honneur. — BROOKHOUSE, M. le Rév. T. W. de Castro.

48ᵉ Classe. — FOX-TERRIERS

1ᵉʳ prix. — BROOKHOUSE, M. le Rév. T. W. de Castro.

Pedigree. BROOKHOUSE, Nick (K. C. S. B. 11154), né en août 1880, blanc, tête marquée noir et feu et tache noire sur le dos, par Hunton-Dick (K. C. S. B. 9830), hors de Vinegar, par Pickle II (K. C. S. B. 9841), hors de Sorrel (K. C. S. B. 7027). 1ᵉʳ Pr. Birmingham 1881, 1ᵉʳ Pr. (Puppy Class) Chesterfield 1881, 1ᵉʳ Pr. Bournemouth 1883, Coupe d'honneur Margate 1883, Coupe d'honneur Blackpool 1883. — A vendre, 5,000 francs.

2ᵉ prix. — SPICER, au même.

Pedigree. SPICER, trois ans, par Champion-Spice (K. C. S. B. 9856), hors de Champion-Olive (K. C. S. B. 5966). Él. M. Murchison. 1ᵉʳ Pr. Stockton-on-Tees. — Pas à vendre.

3ᵉ prix. — SPRING, M. H. Meurer.

Pedigree. SPRING (L. O. S. H. 125) (K. C. S. B. t. X) (D. H. S. B. 1027), né en 1880, blanc, tête noire et feu, une tache noire et feu sur le dos, par Billy, hors de Lady. 1ᵉʳ Pr. Hanovre 1882, 1ᵉʳ Pr. Spa 1882, 2ᵉ Pr. Berlin 1883. — A vendre, 1,500 francs.

M. T. H. — SAM, M. Förster.

Pedigree. SAM (L. O. S. H. 124) né vers 1876, par Wonder (K. C. S. B. 8014), hors de Cleveland-Lass, par Twih (K.C.S.B. 613, hors de Nettle (K. C. S. B. 4169). 1ᵉʳ Pr. Boroughbridge 1877, 2ᵉ Pr. Kendall 1877, 1ᵉʳ Pr. Magdebourg 1880, 1ᵉʳ Pr. Spa 1882. — A vendre, 1,000 francs.

M. H. — Puck, S. A. S. le prince Alb. de Solms.

Pedigree. Puck, né le 20 juillet 1882, blanc avec des marques brunes par Spicenut hors de Sting-Nettle. El. le propriétaire.— Pas à vendre.

49ᵉ Classe. — FOX TERRIERS
FEMELLES.

1ᵉʳ prix. — Scratch'em out, M. Förster.

Pedigree. Scratch'em out, deux ans, par Champion Tickler (K. C. S. B. 8934) hors de Patch. — A vendre, 1,000 francs.

2ᵉ prix. — Sting-Nettle, S. A. S. le prince Alb. de Solms.

Pedigree. Sting-Nettle, née en janvier 1881, blanche marquée de brun, par Tweezers II hors de Frivolity. El. M. J. Murchison. 2ᵒ Pr. Berlin 1883. — Pas à vendre.

3ᵉ prix. — Frolic, M. Hyp. Meurer.

Pedigree. Frolic (L. O. S. H. 127) (D. H. S. B. 717) quatre ans, blanche à taches noires sur le corps, marques noires et feu à la tête, par Rasper, hors de Fancy. El. M. A. Clarke. 2ᵒ Prix. Clèves 1881, 2ᵒ Pr. Hanovre 1882, M. H. Berlin 1883. — A vendre, 1,200 francs.

DEUXIÈME CATÉGORIE

Chiens d'utilité et d'agrément.

HUITIÈME GROUPE
50ᵒ, 51ᵒ, 52ᵒ, 53ᵒ, 54ᵒ, 55ᵒ Classes.

Prix d'honneur offert par M. Delbouille, au plus beau chien de Terre-Neuve ou Saint-Bernard.

Prix d'honneur. — Nelson II, M. Edwin Nichol.

Prix d'honneur, coupe offerte par Mᵐᵉ Bodinus, née d'Hoffschmidt, au plus beau chien de Saint-Bernard appartenant à un éleveur étranger.

Prix d'honneur. — Néron, M. Alf. Milnes.

50ᵉ Classe. — CHIENS DE TERRE-NEUVE
MALES.

1ᵉʳ prix. — NELSON, M. Edwin Nichol.

Pedigree. NELSON II, (K. C. S. B. 10672), né le 30 décembre 1878, noir, par Nep (K. C. S. B. 4499) hors de Nancy (K. C. S. B. 9411). El. M. C. Lee. — Champion Alexandra Palace 1880, 1ᵉʳ Pr. Bristol 1880, 1ᵉʳ Pr. Birmingham 1880. Champion Alexandra Palace 1881, 2ᵒ Pr. Birmingham 1881, Champion et extra Pr. Crystal Palace 1882, Champion Crystal Palace 1883.— Pas à vendre.

2ᵒ prix. — SULTAN, M. Th. de Bruycker.

Pedigree. SULTAN, quatre ans, noir, collier, poitrine, pattes de devant, bout des pattes de derrière et bout de la queue blancs.

3ᵉ prix. — DUKE, M. A. Gordon Weld, dix-huit mois, blanc et brun, oreilles noires, tache brune à chaque œil, tache brune au sommet de la tête. — A vendre, 25,000 francs.

M. T. H. — TURC, Mˡˡᵉ Maria de Knuyt de Vosmaer, trois ans et demi, blanc, dessus la tête et oreilles noires, nez parsemé de blanc. — Pas à vendre.

51ᵉ Classe. — TERRE-NEUVE
FEMELLES.

1ᵉʳ prix. — LADY MAYORESS, M. Ed. Nichol.

Pedigree. LADY MAYORESS, dix-huit mois, noire, par Nelson I (K. C. S. B. 9402) hors de Jenny. El. le propriétaire. 1ᵉʳ Prix. Crystal Palace 1883, 1ᵉʳ Pr. Warwick 1883, Challenge Champion Aston, Birmingham 1883. — Pas à vendre.

2ᵉ prix. — DIANE, Mᵐᵉ Bodinus, six ans, blanche et noire. 1ᵉʳ Pr. Bruxelles 1880. — Pas à vendre.

52ᵉ et 53ᵉ Classes. — CHIENS DES ALPES A POIL RAS

Pas de prix décernés.

54ᵉ Classe. — CHIENS DES ALPES A POIL LONG
MALES.

1ᵉʳ prix. — Néron, M. Alf. Milnes, cinq ans, roux, pattes blanches, bout de la queue blanc, la queue et la tête tachées de noir. Origine inconnue.

2ᵉ prix. — Nardo, M. Alp. Van Doorne, blanc. — Pas à vendre.

56ᵉ, 57ᵉ, 58ᵒ, 59ᵒ Classes.

Prix d'honneur offert par la Société des Hôteliers d'Ostende, au plus beau chien grand danois et mastiff.

Prix d'honneur. — Crown-Prince, M. Forbes Winslow.

56ᵉ Classe. — GRANDS DANOIS (DEUTSCHE DOGGEN)
MALES.

1ᵉʳ prix. — Sultan, M. F. A. Onderwater.
Pedigree. Sultan, vingt mois, jaune, par Wotair, hors de Minca II. 1ᵉʳ Prix Berlin 1883. — A vendre, 2,000 francs.

2ᵒ prix. — Nero, M. W. Wüster.
Pedigree. Nero (L. O. S. H. 135) (D. H. S. B. 373), quatre ans et demi, blanc marqué de noir, tigré. El. M. Graf, à Stuttgart. Pr. d'honneur Elberfeld 1880, Pr. d'honneur Clèves 1881, 2ᵒ Pr. Spa 1882. — A vendre, avec Flora (nᵒ 258) 2,500 francs.

57ᵉ Classe. — GRANDS DANOIS
FEMELLES.

1ᵉʳ prix. — Laura, S. A. S. le prince Alb. de Solms.
Pedigree. Laura (D. H. S. B. 997) née en 1880. El. M. Burger. 1ᵉʳ Pr. Hanovre 1882. — A vendre, 600 francs.

2ᵉ prix. Lina, M. C. Bürger.
Pedigree. Lina, quinze mois, tigrée, par Melah, hors de Laura, El. le propriétaire. — A vendre, 250 francs.

58ᵒ Classe. — MASTIFFS

1ᵉʳ prix. — Crown Prince, M. Forbes Winslow.

Pedigree. CROWN PRINCE (K. C. S. B. 10544), M. trois ans et demi, fauve, par Young-Prince, hors de Merlin. El. M. Woolmore. 10 prix de champion, 10 premiers Pr., 6 coupes d'argent. — Pas à vendre.

2ᵉ prix. — BELLA, M. J. Descamps. F. deux ans et demi, fauve, museau noire. — Pas à vendre.

M. T. H. — PETER THE GRAT, M. Forbes Winslow.

Pedigree. PETER THE GRAT, M. ans, fauve, par Wolf, hors de Bijou. El. M. Moore. 3° Pr. Colchester. — A vendre, 1,250 francs.

M. T. H. — NESTOR, M. James Hutchings.

Pedigree. NESTOR (K. C. S. B. 11702) né le 24 août 1880, par Nero (K. C. S. B. 6373) hors de Calypso (K. C. S. B. 10567). El. le propriétaire. 1ᵉʳ Pr. et Coupe Plymouth 1881, 1ᵉʳ Pr. partagé Barnstable 1881, 1ᵉʳ Pr. Launceston 1882, 2° Pr. Torquay 1882, 2ᵉ Pr. Plymouth 1882, 2° Pr. Sheffield 1882, 1ᵉʳ Pr. et Coupe Bideford 1883, 1ᵉʳ Pr. Berlin 1883, 2ᵉ Pr. Truro 1883. — A vendre, 2,500 francs.

59ᵉ Classe. — BULL-DOGS DE GRANDE TAILLE

Chiens au-dessus de 18 kilos. Chiennes au-dessus de 15 kilos.

1ᵉʳ prix. — VANDERDECKEN, M. J. Ellis.

Pedigree. VANDERDECKEN, M. né le 2 août 1881, rayé foncé, par Champion-Sancho-Panza (K. C. S. B. 8566) hors de Romping Girl. El. le propriétaire. — A vendre, 400 francs.

2ᵉ prix. — HACKNEY CRIB, au même.

Pedigree. HACKNEY CRIB, M. né le 22 février 1882, blanc, par Conqueror à M. Hadley hors de Venice. El. M. G. Taylor. 2ᵉ Pr. (Puppy class) Crystal Palace 1882. — A vendre, 400 francs.

3ᵉ prix. — LORD-CLYDE, au même.

Pedigree. LORD-CLYDE, M. né le 2 juin 1881, rouge et blanc, par Conqueror à M. Hadley, hors de Venice. El. M. G. Taylor. — A vendre, 400 francs.

60° Classe. — BULL-DOGS

Chiens au-dessous de 18 kilos. Chiennes au-dessous de 15 kilos.

1ᵉʳ prix. — SMASHER II, M. Hugo Franké.

Pedigree. SMASHER II (K. C. S. B. 13044) M. cinq ans, blanc et rayé, par Syd à M. le capit. Mydgells, hors de White-Rose. Syd, par Sir-Anthony au capit. Holdsworth. White-Rose, par Young-Gully hors de Bess. El. M. Webb. 2ᵉ Pr. Aston, Birmingham. — A vendre, 400 francs.

2ᵉ prix. — SAM, M. G. Hubin (L. O. S. H. 139). M. deux ans et demi, tigré. El. M. Rombouts. — Pas à vendre.

61° Classe. — CHIENS DE BERGER

2ᵉ prix. — BRISAC, M. C. Bocquet.

Pedigree. BRISAC, race française, vingt mois, noir, par Lucifer, hors de Vénus. El. le propriétaire.

63° Classe. — COLLEYS

MALES.

1ᵉʳ prix. — Boss, M. Hyp. Meurer, deux ans et demi, roux, poitrine blanche. — A vendre, 750 francs.

2ᵉ prix. — SELKIRK, M. W. W. Thomson, né en octobre 1881, blanc; par Guyscliffe, hors de Tyne. El. M. L. Chance. — Pas à vendre.

M. H. — FRED, M. Félix Waefelaer.

Pedigree. FRED (L. O. S. H. 142) trois ans, martre, par Wolf (K. C. S. B. 7448) hors de Ruby III (K. C. S. B. 10751). El. le Révd. Hans, F. Hamilton, Combe St.-Nicolas, Vicarage, Chard, Somerset, Angleterre. 1ᵉʳ Pr. Paisley (Écosse) 1881, 1ᵉʳ Pr. Spa 1882. — Pas à vendre.

M. H. — CLYDE, Mᵐᵉ Bodinus, née d'Hoffschmidt, trois ans, blanc, noir et feu, par Tyne, hors de Megg. 1ᵉʳ Pr. Stockton. Crook, Blavdon Sunderland, Otley.

64° Classe. COLLEYS

FEMELLES.

1ᵉʳ prix. — Gʏᴘ, M. J. Proctor, grise, par Duncan.

2ᵉ prix. — Sᴘʏ, M. Félix Waefelaer.

Pedigree. Sᴘʏ (L. O. S. H. 143), deux ans, martre, poitrine et pattes de devant blanches, par Brodie, hors de Lune. Brodie, par Rufus (K. C. S. B. 10718), hors de Lorna (K. C. S. B. 9471). Lune, par Carlisle (K. C. S. B. 8505), hors d'Elcho. 2ᵉ Pr. Sedburg, Écosse 1882.

M. T. H. — Hᴏʀɴᴘɪᴘᴇ, M. Hyp. Meurer.

Pedigree. — Hᴏʀɴᴘɪᴘᴇ (K. C. S. B. t. X), dix-huit mois, noire et feu, poitrine blanche, par Scottie III (K. C. S. B. 11855), hors de Lassie. Él. M. le Dʳ Edwards-Ker. 2ᵉ Pr. Berlin 1883. — A vendre, 2,000 francs.

65ᵉ Classe. — CHIENS LOUPS, DE POMERANIE, SPITZ

1ᵉʳ prix. — Fʀɪᴛᴢ, M. C. Bürger, M., un an, gris, par Ramass, hors de Lotte. Él. le propriétaire. — A vendre, 125 francs.

2ᵉ prix. — Mᴏʜʀʟᴇ, au même. M., un an, noir, par Mohrle hors d'Alli. Él. le propriétaire. 2ᵉ Pr. Berlin. — A vendre, 125 francs.

NEUVIÈME GROUPE

66ᵉ Classe. — CANICHES

1ᵉʳ prix. — Pᴜɴᴄʜ, M. W. Picard. M., deux ans, noir. Él. le propriétaire. — Pas à vendre.

2ᵉ prix. — Mᴏᴜᴛᴏɴ, M. Alex. Bourceret. M., deux ans, d'origine hollandaise. — Pas à vendre.

68ᵉ Classe. — PETITS DANOIS

1ᵉʳ prix. — Mɪss, M. Ern. Jooris. F., deux ans et demi, blanche tigrée noire. Él. M. Jooris. — Pas à vendre.

2ᵉ prix. — Dandy, M. Eug. Bekaert. M., six ans, par Little-Tom hors de Deazy. Él. M. Frensch, à Londres. — Pas à vendre.

M. T. H. — Djek, M. Henri Linssen. M., quatre ans, à taches brunes. — Pas à vendre.

69ᵉ, 70ᵉ, 71ᵉ, 72ᵉ, 73ᵉ, 74ᵉ Classes.

Prix d'honneur offert par la maison Spratt, au plus beau terrier. Prix d'honneur. — Grand-Duke, M. Alf. George.

<h2 align="center">69ᵉ Classe. — TERRIERS BLACK AND TAN
au-dessus de 3 kilos.</h2>

1ᵉʳ prix. — Switch, M. C. Collett. F., trois ans, noire et feu, par Dazzler hors de Bess. Él. M. Knowles. 7 premiers Pr. — Pas à vendre.

1ᵉʳ prix. — Peter-the-Great, MM. Keller et Bull.

Pedigree. Peter-the-Great, M. né en septembre 1881, noir et feu, par Master-Layton hors de Kitt, à M. Heckler. Master-Layton par General. Kitt par Scamp hors de Queen. Él. M. Keeler. 3ᵉ Pr. Wolverhampton 1882, 2ᵉ Pr. Maidstone, 2ᵉ Pr. Colchester. — A vendre, 625 francs.

<h2 align="center">70ᵉ Classe. — TERRIERS ANGLAIS BLANCS</h2>

1ᵉʳ prix. — Quick, M. Alfred George.

<h2 align="center">71ᵉ Classe.</h2>

<h2 align="center">SCHIPPERKE (TERRIERS FLAMANDS SANS QUEUE)</h2>

1ᵉʳ prix. — Nischke, Mᵐᵉ Bodinus, née d'Hoffschmidt. F., deux ans, noire.

2ᵉ prix. — Chip, M. J. Canone. F., deux ans, noire.

3ᵉ prix. — Mieke, Mᵐᵉ Bodinus, née d'Hoffschmidt. F., trois ans, noire.

72ᵉ Classe. — BULL-TERRIERS

1ᵉʳ prix. — GRAND-DUKE, M. Alf. George.

Pedigree. GRAND-DUKE, M., dix-huit mois, blanc, par Dutch
à M. T. Hink, hors de Young-Magnet par Sallust (K. C. S. B.
6597) par Champion-Magnet (K. C. S. B. 6608). Él. M. T. Hinck.
1ᵉʳ Pr. et coupe d'honneur Colchester et à Gloucester. —
A vendre, 1,250 francs.

2ᵉ prix. — VICTOR III, M. Hugo Franke.

Pedigree. VICTOR III (K. C. S. B. 8610), M., né le 19 avril 1877,
blanc, par Rebel à M. W. M. Philipps, hors de Rose au même.
Rebel par Rebel (K. C. S. B. 2729) hors de Rose (K. C. S. B.
2826). Rose par Turk à M. Maddison, hors de Sylph au même.
Él. M. W. M. Philipps. 1ᵉʳ Pr. Birmingham 1878, 1ᵉʳ Pr.
Wardle 1878, 2ᵉ Pr. Altringham 1878, 2ᵉ Pr. Kendal 1878, 2ᵉ Pr.
Middleton 1878, 2ᵉ Pr. Oldham 1878, 2ᵉ Pr. Ross 1878, 2ᵉ Pr.
Worsley 1878, 2ᵉ Pr. Hanovre 1879, 2ᵉ Pr. Glascow 1879, 1ᵉʳ Pr.
Chesterfield 1880, 2ᵉ Pr. Manchester 1879, 2ᵉ Pr. Liverpool 1879,
3ᵉ Pr. Farnworth 1880, 1ᵉʳ Pr. Chesterfield 1882. — A vendre,
400 francs.

3ᵉ prix. — ROYAL-PRINCE, M. Alf. George.

Pedigree. ROYAL-PRINCE, M., deux ans, blanc, par Prince-
Impérial (K. C. S. B. 11948) hors de Rose (K. C. S. B. 9531).
Él. M. Al. George. — A vendre, 325 francs.

73ᵉ Classe. — TERRIERS A LONG POIL

1ᵉʳ prix. — BOB, M. J. Proctor.

Pedigree. BOB (L. O. S. H. 148), M., deux ans, gris moucheté,
par Ned hors de Wasp. Él. M. Alex. Cook. Prix d'honneur et
1ᵉʳ Pr. Spa 1882. — A vendre, 1,500 francs.

1ᵉʳ prix. — BLUE-NETTLE, M. A. Holcroft.

Pedigree. BLUE-NETTLE, F., un an, bleue, par Nailor (K. C.
S. B. 9587, hors de Jess. Él. le propriétaire. M. H. Crystal
Palace 1883. — A vendre, 625 francs.

2ᵉ prix. — Schnauz, M. C. Bürger. M., dix-huit mois, jaune, par Schnauz 1ᵉʳ hors de Schnauzere. 1ᵉʳ Pr. Vienne. — A vendre, 100 francs.

74ᵉ Classe. — SKYE-TERRIERS

1ᵉʳ prix. — Floss, M. le baron F. Béthune. Skye-terrier à oreilles droites, F., dix-huit mois, argentée, oreilles et queue noires; origine anglaise. — Pas à vendre.

2ᵉ prix. — Samy. M. Arthur Gantois. Skye-terrier, M., cinq ans, gris, par Champion-Sam (K. C. S. B. 4653) hors de Quick. Él. M. Mark Gretton, à Hull. — Pas à vendre.

DIXIÈME GROUPE

75ᵉ, 76ᵉ, 77ᵉ, 78ᵉ, 79ᵉ, 80ᵉ, 81ᵉ, 82ᵉ, 83ᵉ Classes.

Prix d'honneur offert par le Cercle du Kursaal, et coupe offerte par la maison Spratt, aux deux plus beaux chiens de dames.

Prix d'honneur. — Bo-Peep, Mᵐᵉ Bodinus, née d'Hoffschmidt.

Coupe. — Napoléon, à la même.

75ᵉ Classe. — KING-CHARLES

1ᵉʳ prix. — Napoléon, Mᵐᵉ Bodinus, née d'Hoffschmidt.

Pedigree. Napoléon (L. O. S. H. 151) (K. C. S. B. 12104), M., né vers 1876, tricolore, poitrine blanche, derrière et pattes blanches, blanc sur le dos et les reins, par Charlie à M. Short, hors de Spinck. Él. M. Short. 1ᵉʳ Pr. Alexandra Palace 1881, 1ᵉʳ Pr. Crystal Palace 1881, 3ᵉ Pr. Eastbourne 1881, 1ᵉʳ Pr. Woodbridge 1881, 1ᵉʳ Pr. Spa 1882.

2ᵉ prix. — Charles-Napier, M. H. Arnold.

Pedigree. Charles-Napier, M. quatre ans, noir, blanc et feu, par Duke, hors de Rose par Charlie. Él. M. J. Johnson. 2ᵉ Pr. Bruxelles 1880, M. T. H. Crystal Palace 1881. — A vendre, 625 francs.

M. T. H. — Jumna, Mᵐᵉ Bodinus, née d'Hoffschmidt.

Pedigree. Jumna (L. O. S. H. 152), F. née en 1880, noire et

feu, par Don-Carlos à M. Radford, hors de Queen of Bow (K. C.
S. B. 12105). Él. M. Radford. 1er Pr. Spa 1882. — Pas à vendre.

76° Classe. — BLEINHEIM

1er prix. — Bo-Peep, M^{mo} Bodinus, née d'Hoffschmidt.

Pedigree. Bo-Peep (L. O. S. H. 155) (K. C. S. B. 9667) F. née
en 1878, blanche et orange, par Prince-Charley (K. C. S. B.
8754), hors de Putt à M. Allen. 2° Pr. Brighton 1879, 1er Pr.
Windsor 1880, 2° Pr. Alexandra-Palace 1880, 2° Pr. Crystal-Palace 1880, 2° Pr. Stratford-on-Avon 1880, 1er Pr. Margate 1881,
Pr. d'honneur, Coupe et 1er Pr. Spa 1882.

2° prix. — Little-Franck, à la même.

Pedigree. Little-Franck (L. O. S. H. 154) (K. C. S. B. 12096),
M. né en 1880, blanc avec taches jaunes, par Napoléon (L. O.
S. H. 151) (K. C. S. B. 12104), hors de Lady. Él. M. Clarke.
3° Pr. Easbourne 1881, 2° Pr. Spa 1882.

M. H. — Prince-Impérial, M. F. Keehner.

Pedigree. Prince-Impérial, M. dix-huit mois, rouge et blanc,
par Napoléon (L. O. S. H. 151) (K. C. S. B. 12604), hors de
Rose. Él. le propriétaire. — A vendre, 275 francs.

77° Classe. — MALTAIS ET HAVANAIS

1er prix. — Prinz, maltais, deux ans, blanc. M^{mo} Bodinus née
d'Hoffschmidt.

1er prix. — Marquis, maltais, trois ans, blanc, à la même.

2° prix. — Martha, maltaise (L. O. S. H. 158) (K. C. S. B. 724),
née en 1879, blanche, 2° Pr. Clèves 1881, à la même.

2° prix. — Rachel, maltaise, trois ans, blanche, M^{mo} Renouard.

78° Classe. — YORKSHIRE-TERRIERS

1er prix. — Stusberg, M. deux ans, bleu argenté. M. Al. Bourceret. Él. M. Bairstow. Prix à Londres et Paris 1883. — A vendre,
500 francs.

2° prix. — Dassler, M. deux ans, par Gladstone à M. Alderson,
hors de Finey à M. Buckley. M^{mo} Renouard.

M. T. H. — Kithy (L. O. S. H. 159), F. née en 1879, orange et argentée, 2ᵉ Pr. Spa 1882. Mᵐᵒ Bodinus, née d'Hoffschmidt. — A vendre.

M. T. II. — Charlie, M. trois ans. A la même.

M. II. — Beauty, F. deux ans, bleue, importée d'Angleterre. Mᵐᵒ Renouard.

M. H. — Bébé, M. trois ans, gris bleu et feu. Mᵐᵉ Jacquelart.

79ᵉ Classe. — SEIDENSPITZE

1ᵉʳ prix. — Albe, Mᵐᵒ Bodinus, née d'Hoffschmidt.
Pedigree. Albe, M. quatorze mois, blanc, par Blitz (D. H. S. B. 607), hors de Hexe. Él. Mᵐᵒ W. Fischer, M. H. Berlin 1883.

80ᵉ Classe. — TERRIERS POIL RAS NOIR ET FEU
au-dessous de 3 kilos.

1ᵉʳ prix. — Spark, M. James Hutchings.
Pedigree. Spark (K. C. S. B. 12119), né en août 1880, noir et feu. 1ᵉʳ Pr. Édimbourgh 1881, 1ᵉʳ Pr. Glascow 1881, 1ᵉʳ Pr. Birmingham 1881. — A vendre, 625 francs.

2ᵉ prix. — Dinah, F. dix-huit mois, noir et feu, Mᵐᵒ Bodinus, née d'Hoffschmidt.

M. T. H. — Prinzy (L. O. S. H. 162), née en 1877, noir et feu, 1ᵉʳ Pr. Spa 1882. A la même.

M. H. — Beauty, F. quinze mois, noire et feu. M. Alex. Bourceret. — A vendre, 1,000 francs.

M. H. — Princess, F. dix-huit mois, noire et feu. Mᵐᵒ Renouard.

81ᵉ Classe. — TERRIERS POIL LONG
au-dessous de 3 kilos.

1ᵉʳ prix. — Cauvert, M. un an, roux, par Jack, hors de Chambord. M. J. Delvaux. Él. le propriétaire. — A vendre, 200 francs.

2ᵉ prix. — Bibi, M. un an, roux, par Jack, hors de Chambord. Au même. Él. le propriétaire. — A vendre, 200 fr.

M. T. H. — Kıkı, F. quatre ans, rousse. M. Ch. Gomrée. Él. M. Delvaux. — Pas à vendre.

M. T. H. — Fox, M. trois ans, fauve. M. J. Noterman. — Pas à vendre.

M. H. — Topsy (L. O. S. H. 163), quatre ans et demi, roux. 2ᵉ Pr. Spa 1882. M. Ch. Crocq. Él. M. Delvaux. — Pas à vendre.

82ᵉ Classe. — CARLINS.

1ᵉʳ prix. — Bettly, M. A. Mathon.
   Pedigree. Bettly (L. O. S. H. 166) F. cinq ans, gris fauve, museau et oreilles noirs, par Hector, hors de Stella, tous deux du Jardin zoologique d'Amsterdam. Él. le propriétaire. 1ᵉʳ Pr. Bruxelles 1880, M. H. Alexandra-Palace 1882, 1ᵉʳ Pr. Spa 1882. — Pas à vendre.

2ᵉ prix. — Molly, grise, hors de Putzel. Él. le propriétaire. M. Em. Wolf. 1ᵉʳ Pr. Berlin 1880, 1ᵉʳ Pr. Hanovre 1882. — Pas à vendre.

M. T. H. — Marquis, M. onze mois, jaune. M. Em. De Coster. Él. le propriétaire.

M. H. — Boby, M. quatre ans, jaune clair. Mᵐᵒ Rycquaert. — Pas à vendre.

M. H. — Bella, F. quatre ans, par Sootey (K. C. S. B. 6769), hors de Flytie. M. A. Delerue. — A vendre, 500 francs.

83ᵉ Classe. — LEVRONS ET LEVRETTES

1ᵉʳ prix. — Diamant. M. deux ans, couleur ardoise, d'origine italienne. M. Alex. Bourceret. Él. M. Cadenazzi. — A vendre, 300 francs.

1ᵉʳ prix. — Circée, F. Mᵐᵒ Bodinus, née d'Hoffschmidt.

M. H. — Fany, F. levron de Chine, deux ans, noire. M. H. Rehon.

M. H. — Chinois, M. levron de Chine, huit ans, noir. Au même.

INSCRIPTIONS AU STUD BOOK CONTINENTAL
Août 1883

—

2269. Miss, lice setter gordon, noire et feu, tache blanche à la
poitrine, à M. Larivière, armurier à Hesdin (Pas-de-
Calais).

Pedigree : Miss, née le 4 décembre 1880 chez M. Seguin, à Dannes. Par Go, hors de Flirt. — Go, par
hors de   . — Flirt, par   hors de

2270. Juno, lice setter gordon, noire et feu, avec tache blanche à
la poitrine, à M. Lambert Roode, à Saint-Pol (Pas-de-
Calais).

Pedigree : Juno, née le 29 mai 1882, chez M. Larivière,
à Hesdin, élevée chez M. Legrand, vendue à M. Lambert
Roode, mai 1883. Par Duke VI (K. C. S. B., n° 11478), à
M. Legrand, hors de Miss, à M. Larivière, à Hesdin. —
Duke VI, par Pluton, à M. Lefebvre, hors de Thisbeth Ier,
à M. Legrand. — Miss, par Go, à M. Seguin, à Dannes, près
Boulogne-sur-mer, hors de Flirt, à M. Seguin. — Pluton,
par Black, hors de Miss. — Thisbeth Iʳ, par Go, hors de
Bellone. — Black, par Shot II, hors de Cybèle.

2271. Négro, caniche noir, mâle, deux ans, appartenant à
Mᵐᵉ Henri Dequin, à Amiens. Noir, avec jabot blanc, hau-
teur 42 centimètres. Acheté sans pedigree chez M. Le
Couteux, à Saint-Martin, par Étrépagny, en avril 1883.
Médaille d'honneur à l'Exposition canine d'Amiens
en 1883.

2272. Charlotte, bassette griffonne, noire et feu, un an, appartenant à M. Henry Dequin, avocat à Amiens, née chez le
propriétaire le 6 août 1882. Noire, avec marques de feu à
la face, aux yeux, aux pattes, le dessous des oreilles feu,
taille 32 centimètres, pattes demi-torses. 2ᵉ prix Amiens
en 1883.

Pedigree : Charlotte, par Finot II, hors de Lisette. —
Finot II, par Finot Iᵉʳ, hors de Ravaude. — Lisette, provenant du Jardin d'acclimation.

2273. MARABOUT, mâle anglo-saintongeois à M. Benoit Champy, à Montbard (Côte-d'Or).

Pedigree : MARABOUT, par Débardeur, hors de Alhambra. — Débardeur, par Damoiseau, hors de Sans-Cesse. — Alhambra, du chenil de la reine d'Angleterre.— Damoiséau, par Diligent, hors de Florissante. — Sans-Cesse, par Saladin, hors de Bombance. — 2ᵉ prix Exposition canine Paris 1883.

2274. GAZELLE, lice anglo-saintongeoise, à M. Benoît-Champy, à Montbard (Côte-d'Or).

Pedigree : GAZELLE, par Fringal, hors de Princesse. — Fringal, par Talbot, hors de Volage. — Princesse, par Marius, hors de Pomaré. — Talbot, par Calchas. — Volage par Douglas, hors de Marjolaine. — Marius, par Jean-Bart, hors d'une fille de Montjoie. — Pomaré, par X..., anglais, hors d'une fille de Faublas. 1ᵉʳ prix Exposition canine Paris 1883.

2275. VEDETTE, lice saintongeoise pure, à M. Benoît-Champy, à Montbard (Côte-d'Or).

Pedigree : VEDETTE, par Major, hors de Bellone. — Major, par   , hors de   .— Bellone, par
Mention honorable Exposition canine 1883.

2276. KROUMIR, mâle anglo-saintongeois, à M. Benoît-Champy, à Montbard (Côte-d'Or).

Pedigree : KROUMIR, frère de Marabout, par Débardeur, hors de Alhambra, même pedigree. Mention honorable Exposition canine Paris 1883.

2277. COCARDE, lice anglo-saintongeoise, à M. Benoit Champy, à Montbard (Côte d'Or).

Pedigree : COCARDE, sœur de Vedette, par Major, hors de Bellone, même pedigree. 2º prix Exposition canine Paris 1883.

SUISSE

CHIEN DES ALPES A LONGS POILS

Tête. Large, très forte en proportion du corps ; l'occiput extraordinairement large et haut, bombé : dos du nez droit, souvent peu enfoncé.

Museau. Longueur moyenne, de profil très haut, de sorte que le diamètre du museau, dans les environs du coin de l'œil, surpasse la longueur jusqu'à l'extrémité du museau. Babines pendantes.

Oreilles. Moyennes, très larges en haut, diminuant en pointes ; collées à la tête et couvertes de poils longs, surtout la partie inférieure doit avoir le poil court.

Œil. En porportion de la tête plutôt petit. Grand, plein d'expression, il ne doit pas être proéminent, ni être trop enfoncé dans son orbite, brun foncé.

Cou. Très fort, large, long, légèrement courbé à la tête.

Poitrine. Large, mais non profonde.

Dos. Presque droit ; au garot et aux hanches de même hauteur et baissant un peu à l'attache de la queue, large et forte.

Queue. Forte, longue, plantée bas, pendant presque à terre ; se courbant légèrement vers le haut à son extrémité, mais pas en forme de trompette, en action la pointe un peu relevée.

Pattes du devant. Fortes, droites, le pied large, mais bien fermé.

Pattes de derrière. Légèrement courbées à la brisure.

Poils. Longs, épais, légèrement ondulés, jamais frisés. Au cou, le poil forme une forte crinière et il atteint sa plus grande longueur à la queue. La tête doit être couverte de poils courts et épais. Le poil peut être un peu long aux oreilles et à l'intérieur des pattes du devant et aux cuisses.

Couleur principale. Blanc aux pattes, jaunâtre ; en outre, jaune, couleur du lion, jaune gris et blanc tacheté d'une de ces couleurs. Jamais noir, à l'exception de la couleur foncée à la tête ou à l'extrémité des poils.

Proportions. Chien, pas au-dessous de 70 centimètres à l'épaule. Chienne, pas moins de 65 centimètres. Allongé de sorte que la longueur du corps, mesurée horizontalement, dépasse un peu la hauteur à l'épaule.

CHIEN DES ALPES A POILS COURTS

A la même forme et les mêmes couleurs ; le poil sur tout le corps est demi-long et non ondulé.

Défauts. Poils roulés ou frisés, nez fendu ou pas noir, yeux clairs ou trop petits.

CHIENS COURANTS SUISSES ORDINAIRES

Grandeur. Taille moyenne et petite, robuste, musculeux, tête moyenne, museau moyen souvent long.

Oreilles. S'écartant en biais, sans plis.

Queue. Longue, forte, sans brosse.

Pieds. Petits.

Poil. Lisse, épais.

Couleur. Blanche, le plus souvent avec tête et plaques jaune rouge.

Voix. Pleine et sonore. Se trouvent partout en Suisse.

CHIENS COURANTS DE THURGOVIE

Rouge, taille moyenne, fortement bâtis.

Tête. Sup. large, légèrement bombée.

Museau. Mi-long (devrait toujours selon moi être long), pas très fin, sans lèvres pendantes, ces dernières ainsi que le nez toujours noirs.

Oreilles. Plantées bien en arrière, bas, faisant des plis, dans le bas bien arrondies, minces.

Queue. Forte, longue, portée en forme de sabre.

Poils. Lisses, épais, plutôt durs à sentir.

Couleur. Rouge jaune, rouge brun, le plus souvent avec marques blanches (aux pieds, à la tête, à la poitrine).

Voix. Forte, sonore, profonde, bon pour lièvres et renards.

CHIENS COURANTS DE LUCERNE

Taille moyenne, trois couleurs, tête et plaques noires, entre-deux tigré, *toujours avec taches de feu aux extrémités*, haut sur jambe mais fin.

Museau. Long, étroit.

Tête. Mince, mais bien bombée.

Oreilles. Plantées bas, fines, étroites, collées à la tête.

Queue. Légère, mince

CHIENS COURANTS DE BERNE TRICOLORES

Plus fort, plus musculeux que les précédents.

Tête. Longue, un peu écrasée par les côtés.

Oreilles. Plantées bas, un peu en tire-bouchons.

Poils. Lisses, blancs, avec taches noires et jaunes.

Tête plus ou moins foncée dans ces couleurs. Souvent hurleurs, chassant de bon pied, rapides, tenaces.

HURLEURS

Chiens de meute, la plus grande et plus forte espèce, brun foncé, plus foncé sus le dos.

Oreilles. Très longues, larges, plantées bas, en spirale contre le bas, chassant bien, de bon pied et tenaces.

EXPOSITION CANINE DE ZURICH

Ouverte du 8 au 12 Juin 1883

LISTE DES RÉCOMPENSES

CHIENS COURANTS FRANÇAIS

Miro, chien de Saint-Hubert, mâle, quatre ans, à M. le colonel Challande, 2° prix.

Pedigree : Miro, rouge avec manteau marron foncé, vendeur M. le baron de Nicolas, 2ᵉ prix Aarburg 1882.

CHIENS COURANTS ITALIENS

Zibo, briquet, mâle, trois ans, jaune doré, à M. Édouard Schreiber à Thusis, 2ᵉ prix.

BRIQUETS ALLEMANDS

Diana, briquet, femelle, noire avec les extrémités jaunes, quatre ans, à M. O. Fischer, Bahnhofstrasse, n° 38, Zurich, 1ᵉʳ prix.

Bella, briquet, femelle, marron avec taches blanches à la poitrine et aux pattes, à M. Peter Meyer, 2ᵉ prix.

N..., briquet, à M. Keller, à Schalchen Wildberg, mention honorable.

BRIQUETS SUISSES

Bello, briquet, mâle, quatre ans, tricolore, à M. Ferdinand Meyer, à Grosswangen, 2° prix.

Diana, briquet, femelle, deux ans et demi, tricolore, à M. Ulrich Huber, à Oetschwyl, 2° prix.

Zibo, briquet, femelle, trois ans, tricolore à M. Johann Lemm, Multergasse, n° 7, chenil Barry Saint-Gallen, mention honorable.

Zibo, briquet, mâle, trois ans, blanc et orange, à M. Vorbrodt-Charpentier, Kirchgasse, n° 21, Zurich, mention honorable.

BRIQUETS SUISSES ORDINAIRES

Tambelle, briquet, femelle, quatre ans, blanche et orangé, à M. G. Hauser, à Weissenburg (Berne), 1er prix.

Waldine, briquet, femelle, deux ans, jaune, à M. Rudolph Wettstein, à Kyburg, hors de Waldine. (D. H. S. B., n° 962) (Zurich 1881, mention honorable; Hanovre, 2º prix), 1er prix.

Bergo, briquet, mâle, quatre ans, blanc et orangé, à M. A. Stalder, à Luzern, 2º prix.

Flambeau, chiot, quatre mois, blanc et orangé, à M. H. Coëytaux, à Echallens.

Pedigree : Flambeau, par Lumino, hors de
(chiens de porcelaines)   par Tayeau hors de
Belle, du chenil de M. Coillot.

Hors concours.

Waldamnn II, deux ans et demi, blanc et orange, à M. le docteur J. Machwürth, à Zurich.

Pedigree : Walmann II, par Dajo, hors de Waldine. — Waldine (D. H. S. B., n° 962), mention honorable, Zurich 1881; 2º prix Hanovre 1882. — Waldmann II a eu le 2º prix Zurich 1881, 1er prix Munich 1883, hors de concours.

BRIQUETS DE THURGOVIE

Mouche, briquet, femelle, trois ans, brun avec la poitrine et pattes blanches, par Waldmann, hors de Finette, à M. le comte de Dudzeele, à Berne, 2º prix Aarburg 1882, 1er prix.

BRIQUETS DE LUCERNE

DIANA, briquet, femelle, deux ans et quart, blanche, jaune et noire tête orangé, à M. F. Bœdecker, à Wollishofen. 3° prix Zurich 1881, 2° prix Aarburg 1882. 1er prix B.

GREGO, briquet, mâle, cinq ans, tricolore (hurleur), à M. Jean Fischer, à Neukirch, 1er prix C.

BELLO, briquet, mâle, deux ans et demi, tricolore, à M. F. Bœdecker, à Wollishofen, 1er prix Zurich 1881, 2° prix Aarburg 1882, 2° prix.

FLORA, briquet, femelle, cinq ans, tricolore, à M. Ul. Kobelt, à Flawyl. 1er prix Zurich 1881, 2° prix Aarburg 1882, 2° prix.

BRIQUETS DE BERNE (TRICOLORE)

FINO, mâle, trois ans, tricolore, à la Société cynegétique d'Aarburg, éleveur M. le comte de Dudzeele. 2° prix Aarburg 1882, 2° prix.

TAMBEAU, briquet mâle, trois ans, tricolore, à M. Joh. Altwegg, à Hessenreuti, 3° prix Aarburg 1882, 2° prix.

ZIBO, briquet mâle, onze mois, à M. Ulrich Huber, à Oetchwyl, mention honorable.

BRIQUETS HURLEURS

FARRY, mâle, quatre ans, noir et feu, à M. Jakob Kunz, à Ersigen, 2° prix Aarburg 1882, 1er prix.

CARO, mâle, quatre ans, noir et feu, à M. Xaver Sax, à Luzern, 2° prix Aarburg 1882, 2° prix.

BELLO, mâle, quatre ans, noir et feu, à M. Joseph Rötelin, à Zurich, mention honorable.

WALDI, mâle, trois ans, marron, avec taches blanches, à M. J. Boedecker, 3° prix Aarburg 1882, mention honorable.

POLLUX, mâle, trois ans, marron, avec extrémités blanches, à M. Girsberger, mention honorable.

GARINE, femelle, deux ans, jaune, à M. Jakob Kunz, à Ersigen, mention honorable.

BRIQUETS SUISSES A POIL DUR

Pharao, mâle, deux ans et demi, jaune, avec taches noires, à
M. Ottomar Fischer, à Zurich, mention honorable.

BRIQUETS SUISSES A POIL LONG

Waldi, mâle, trois ans, blanc et orange, à M. Jean Dietschi, à
Frick, 2e prix.

CHIENS D'ARRÊT. — BRAQUES ALLEMANDS
CHIENS

Rasco, un an, marron pointillé blanc, extrémités brunes, à M. le
Dr Hermann Siber, éleveur M. Max Siber.
   Pedigree : Rasco, par Hector, 2e prix Aarburg 1882, hors de
Juno (D. H. S. B., n° 1013, primé à Clèves 1881), 1er prix A.

Phylax, un an, blanc avec taches marron, à M. Jacob Kündig, à
Haselhalden, 1er prix B.

Nero, mâle, deux ans, marron, tache blanche à la poitrine, à
M. G. Stöckli, à Muri, 2e prix, Aarburg, 1882, 2e prix.

CHIENNES

Juno, sept ans, blanche avec taches marron (D. H. S. B., n° 1013),
par Hector, hors de Diana, à M. Max Siber de Zurich, 1er prix.

Diana, trois ans, blanche, avec taches marron, à M. R. Buchli, à
Chur, 2e prix.

POINTERS

Naso, mâle, deux ans et demi, blanc et orange (S. B. C., n° 2125),
par Bloss, hors de Mirza, à M. Neukomm, inspecteur des forêts
à Schaffhouse, 1er prix.

Belline, femelle, cinq ans, blanche et orange, à M. Grünenwald, à
Zurich, mention honorable.

ÉPAGNEULS ALLEMANDS
CHIENS

Feldmann, quatorze mois, marron avec pointillé blanc à la poitrine, par Mylord, hors de Diana. — Diana, par Chasseur, à

M. Max Siber, à Zurich. — Feldmann, 2ᵉ prix à Munich 1883,
1ᵉʳ prix.

MENTOR, trois ans, marron, à M. le Dʳ de Streng, à Sirnach,
2ᵉ prix A.

FASAN, trois ans, marron et blanc, au Jardin zoologique, à Gwatt,
Thun, 2ᵉ prix B.

FELDMANN, quinze mois, blanc et marron, à M. C. Schwarz, à Affol-
tern, mention honorable.

CHIENNES

DIANA, marron, trois ans et demi, à M. Joh. Vogt, à Illnau,
1ᵉʳ prix.

JUNO, un an, marron, pointillé blanc, à M. A. Jecker, à Dornach,
mention honorable.

DIANA, dix-huit mois, marron et blanc, à M. Jean Fischer, à Neü-
kirch.

SETTERS ANGLAIS

MARS, quatre ans, blanc et orange, à M. Eugène Fonjallaz, à Ep-
pesses, 2° prix Aarburg 1882. — Mars, par Fox, hors de Mirza.
— Mirza, par Ben, Jardin d'acclimatation de Paris, 2ᵉ prix.

SETTERS GORDON

CHIENS

LORD, trois ans, noir et feu (D. H. S. B., n° 560), par Rex II (K. C.
S. B., n° 5101), hors de Jessie (K. C. S. B., n° 8248), à M. B. Sig-
mund, à Bâle. Éleveur M. Frechon, 1ᵉʳ prix A.

KURT, vingt mois, noir et feu, à M. Vogel Saluzzi, à Zurich, par
Brak, hors de Bess. Éleveur M. le colonel de Hegner, château
de Eppishausen, 1ᵉʳ prix B.

CHIENNES

COUNTESS, trois ans, noir et feu (S. B. C., n° 2133) (D. H. S. B.,
n° 572), à M. B. Siegmund, vétérinaire à Bâle. — Countess, par
Monarch (K. C. S. B., n° 5099), hors de Sal. Éleveur M. Paul
Caillard, à Bel-Air (France). 1ᵉʳ prix Aarburg 1882, 1ᵉʳ prix A.

MONA, deux ans, noir et feu (D. H. S. B., n° 889), à M. G. Sandoz,
à Genève. — Mona, par Lord (D. H. S. B., n° 560), hors de

Countess (D. H. S. B., n° 572). Éleveur·M. Siegmund, à Bâle.
1ᵉʳ prix B.

Miss, un an, noir et feu (D. H. S. B., n° 1205), à M. H. Coëytaux,
à Echallens. — Miss, par Lord (D. H. S. B., n° 560), hors de
Countess (D. H. S. B., n° 572). Éleveur M. Siegmund, à Bâle.
1ᵉʳ prix C.

GRIFFONS ALLEMANDS

Feldmann, mâle, quatre ans, marron avec tiqueté blanc, à M. B.
Siegmund de Bâle. 1ᵉʳ prix **A**.

Freya, femelle, un an, blanc et marron tacheté, à M. B. Siegmund
de Bâle. — Freya, par Bruno, hors de Diana (D. H. S. B.,
n° 1024). 1ᵉʳ prix B.

RETRIEVERS

Nero, mâle, trois ans, noir, à M. Keyser Wegmann, à Zurich, importé d'Angleterre, mention honorable.

COCKER SPANIELS

Ben, deux ans, mâle, marron, à M. Siegmund, mention hono-
norable.

Flirt, trois ans, femelle, marron pointillé blanc, à M. Siegmund.
2ᵉ prix.

NORFOLK SPANIELS

Boy, six mois, mâle, blanc et marron, à MM. Fröhner et Siber.
2ᵉ prix.

Miss, neuf mois, femelle, blanc et marron, à MM. Fröhner et Siber,
2ᵉ prix.

LÉVRIERS

Blitz, mâle, trois ans, noir, mention honorable Munich 1882, au
chenil Barry, à Saint-G...les, 2ᵉ prix.

Gipsy, femelle, deux ans, jaune rayé noir, importée d'Angleterre, à
M. Émile Rubin, à Berne, mention honorable.

BASSETS ALLEMANDS A POIL RAS

Waldmann, mâle, quinze mois, noir et feu, à M. Bachofen, à Bâle.
1er prix A.

Waldmann, mâle, deux ans, noir et feu, à M. le Dr Schwab, à Bern.
1er prix B.

Waldmann, mâle, un an, noir et jaune, à M. Christ, à Bâle.
2e prix A.

Lux, mâle, deux ans, jaune, à M. le Dr Machwurth, à Zurich.
2e prix B.

Tschaggi, mâle, deux ans et demi, jaune, à M. Baumgartner, à Rellikon, mention honorable.

CHIENNES

Waldine, un an, noir et feu, à M. W. Bachofen, à Bâle, 1er prix A.

Diana, un an, noir et feu, à M. W. Bachofen, à Bâle, 1er prix B.

Hexe, deux ans, noir et feu, à M. Fröhner, à Zurich, 2e prix.

BASSETS ALLEMANDS A LONG POIL

Waldi, quinze mois, mâle, noir et feu, au chenil d'Aarburg, mention honorable.

BASSETS FRANÇAIS TRICOLORE

Fino, deux ans, mâle, tricolore, jambes torses, à M. Fröhner et Siber, à Zurich, éleveur M. Oscar Amédro (Pas-de-Calais), mention honorable.

SAINT-BERNARD POIL RAS

CHIENS

Lux, sept ans, blanc, avec marques rouges, au chenil d'Aarburg,
2e prix.

Prinz, trois ans, bringé roux, à M. Rud. Egger, à Fruttigen,
2e prix.

Turk, quatre ans, blanc, avec taches marron bringé, à M. Bigler,
à Enggistein, 2e prix.

CASTOR, deux ans, marron et blanc, à M. Nicolas Tschanneu, à
Berne, 2° prix.

CHIENNES

FLORA, deux ans, bringé roux, à M. Rud. Egger, à Fruttigen,
1er prix.

BELLONE, cinq ans, châtain tigré, à M. Gay-Crosier, à Martigny,
2e prix.

SAINT-BERNARD LONG POIL

BARRY, mâle, trois ans, blanc et roux, 2° prix Aarburg 1882, à
M. Tuchschmid, à Romanshorn, 2° prix.

BELLO, mâle, quatre ans, blanc et roux, 1er prix Zurich 1881,
2° prix Aarburg 1882, à M. G. Brügger, à Churwalden, 2° prix.

BARRY, mâle, trois ans, jaune et blanc, à M. Hugo Schwabe, à
Bâle, 2° prix.

TITLIS, mâle, trois ans, au chenil d'Aarburg, par Gessler, hors de
Bernina, 2° prix.

BARRY, mâle, trois ans, blanc et brun, à M. Güttinger-Rösti,
38, Joseph strasse Aussersihl, mention honorable.

SAINT-BERNARD

Classe des jeunes de six à dix-huit mois courts et longs poils.

RAWYL, un an, mâle, blanc et roux, à la Direction des forêts, à
Zurich, 2° prix A:

PANDUR, un an, mâle, blanc et roux, au chenil d'Aarburg,
2° prix B.

SULTAN, sept mois, mâle, roux et blanc, à M. Grünenfelder, à
Sargans, 2° prix C.

NERO, mâle, treize mois, blanc et gris, à M. Ramseier, à Berne,
mention honorable.

SENTINELLE, quinze mois, femelle, long poil gris roux, taches blanches, au chenil d'Aarburg.

BELLA, dix mois, blanc et orange, à M. Morgenthaler, à Berne,
mention honorable.

Barry, cinq mois, blanc et roux, à M. Rudolf. Egger, à Fruttigen, mention honorable.

Nero, onze mois, mâle, jaune rouge marbré, à M. Bachmann, à Worb, mention honorable.

Barry, dix-sept mois, bringé jaune, à M. Fahrny, à Thun, mention honorable.

Barry, seize mois, blanc et taches marron, à M. Baumann-Bondali, Berne, 2ᵉ prix A.

Lebeau, huit mois, à M. Fahrny, à Thun, 2ᵉ prix B.

TERRE-NEUVE

Cœsar, mâle, trois ans, noir, 1ᵉʳ prix Zurich 1881, à M. Sulzer, à Winterthur, 1ᵉʳ prix.

Nelson, mâle, trois ans, noir, par Nelson, hors de Bóllo, à M. K. Bürgin, à Bâle, 2ᵉ prix.

Rex, mâle, trois ans, blanc, taches noires à la tête, à M. de Schellenberg, à Kastel.

Moro, mâle, quinze mois, blanc avec taches noires, à M. J. Cavalasca, à Wädensweil.

DOGUES ALLEMANDS ET GRANDS DANOIS

MALES

Sultan, huit ans, bringé, 1ᵉʳ prix Munich, Berlin, Elberfeld, Aarburg 1882, 2ᵉ prix Zurich 1881, au chenil d'Aarburg, 2ᵉ prix A.

Léo, un an, jaune, par Zampa, hors de Jenny, à M. Füglestaller, à Bâle, 2ᵉ prix B.

Golo, trois ans et demi, tigré, primé à Zurich 1881, à M. A. Wydler, à Zurich, 2ᵉ prix C.

Treu, deux ans, tigré noir, à M. J. Haas, à Baden, canton d'Aargan, mention honorable.

Pluto, dix mois, tigré gris et jaune, par Sultan, à M. J. Keller-Stalder, à Lucerne, mention honorable.

Belisar, quinze mois, tigré gris jaune et noir, 3ᵉ prix Aarburg 1882, à M. Gottlieb Egli, à Zurich.

FEMELLES

Jenny, deux ans, tigré jaune et noir, par Sultan, hors de Jenny,
2ᵉ prix Aarburg 1882, à M. Tschudin-Müller, à Bâle, 2ᵉ prix B.

Flora, trois ans, jaune cendré, mention honorable Munich 1883,
saillie par Léo, à M. Caster, au chenil Barry, à Saint-Gallen,
2ᵒ prix B.

Tiger, trois ans, tigré, à M. Engeser, à Zurich, mention honorable.

Belline, dix-huit mois, bringé marron avec taches blanches à la
poitrine, à M. Glanser-Schneider, à Aeflingen, mention honorable.

Dora, un an, bringé, à M. Krämer-Knupp, à Saint-Gallen, mention
honorable.

INSCRIPTIONS AU STUD BOOK CONTINENTAL

Septembre 1883

2278. Flore, english setter, femelle, à M. le vicomte du Pontavice, château de Tenlavoir (Ille-et-Vilaine).

Pedigree : Flore, setter, blanche et orange, née le
11 mars 1883 chez M. O. Massing, château de Puttelange
(Alsace-Lorraine), par Kiss, hors de Nellie. — Kiss, par
Ranger III (K. C. S. B., n° 7168), hors de Kate of Braun-
fels (K. C. S. B., n° 11437). — Nellie, par Murray (D. H.
S. B., n° 52), hors de Bess. — Murray, par Fred III
(K. C. S. B., n° 1374', hors de Vaijnol, sœur de champion
Ranger, même portée. — Bess, par Mac, hors de Vaijnol.
— Mac, par Don, hors de Vénus. — Don, par Dash (K. C.
S. B., n° 1342), hors de Duchess. — Vénus, par Rake (K.
C. S. B., n° 1403, hors de Countess, à M. Calver (K. C. S.
B. n° 1546).

2279. Mɪɴᴀ, english setter, femelle, à M. le vicomte du Pontavice, château de Tenlavoir (Ille-et-Vilaine).

Pedigree : Mɪɴᴀ, setter, blanche et orange, née le 11 mars 1883 chez M. O. Massing, château de Puttelange (Alsace-Lorraine), par Kiss, hors de Nellie. — Kiss, par Ranger III (K. C. S B., n° 7168), hors de Kate of Braunfels (K. C. S. B., n° 11437). — Nellie, par Murray, hors de·Bess. — Murray, par Fred III (K. C. S. B., n° 1374), hors de Vaijnol, sœur de champion Ranger, même portée. — Bess, par Mac, hors de Vaijnol. — Mac, par Don, hors de Vénus. — Don, par Dahs (K. C. S. B., n° 1342), hors de Duchess. — Vénus, par Rake (K. C. S. B., n° 1405), hors de Countess, à M. Calver (K. C. S. B., n° 1546).

2280. Sᴛᴇʟʟᴇ, chienne irish setter, à M. Élisée, maire à Saint-Lubin, par Nesles-la-Vallée (Seine-et-Oise).

Pedigree : Sᴛᴇʟʟᴇ, née le 4 mars 1883 chez M. Cerfon, à Elbeuf, par Mac, hors de Lola. — Mac, par Shot, hors de Norah. — Lola, par Duk, hors de Lilly II.

EXPOSITION INTERNATIONALE CANINE

DE BERLIN

DU 25 AU 29 MAI 1883, A TIVOLI

Organisée par le Cercle de la chasse « Hector »

COMITÉ GÉNÉRAL

MM. S. A. le prince Albrecht de Solms-Braunfels, S. E. le lieute-
nant-général de Streit, de Tielmann, secrétaire-général de
l'*Union-Club* ; Bodinus, directeur du Jardin zoologique :
William Schönlank, baron de Nolde, major de Sametzki de
Alten, J. Beckmann, E. Brebeck, G. Duhm, W. Fischer, G. Fün-
fhausen, F. Hoppoldt, lieutenant Houben, Alb. Krause, G. Lied-
man, John W. Louth, E. Messter, W. Moeser, C. Müller,
A. Radetzki, R. Schönwetter, H. Sperling, H. Wagenführ,
A. Willmann-Schöneberg.

DIRECTION

MM. A. Radetzki, de Sametzki.

JURY DES RÉCOMPENSES

Races anglaises. — MM. S. E. Shirley, membre du Parlement et
président du Kennel-Club, à Londres ; M. W. J. Mellor, Rod-
meisham-Vicarage, Sitingbourne (Kent).

Races françaises. — M. Geoffroy Saint-Hilaire, directeur du Jardin
d'acclimatation de Paris.

Races allemandes. — MM. le peintre Louis Beckmann, à Düsseldorf ; le baron Rauch, à Francfort-sur-Mein : Pook, à Rölhen,
près Göhrde ; Wallmann, à Göhrde ; comte Jos-Westphalen, à
Fürstenberg ; de Knigge, à Beyenrode : directeur Bodinus, à
Berlin ; major de Sametzki, à Rathstock ; Radetzki, à Tempelhof.

1re Division. — **Chiens de chasse.**

Médaille de l'empereur donnée à l'éleveur de chiens de race allemande dont les descendants ont obtenu le plus grand nombre de prix : M. de Knigge, à Beyenrode, près Königslutter, pour son élevage de bassets allemands (*dachshunden*).

1re Classe. — SCHWEISSHUNDE

MALES

WAIDEMANN, dix-huit mois, rouge, tête noire, par Wodan (D. H. S. B., 238), hors de Klagan, à M. l'inspecteur royal des forêts Malchus, à Knesebeck (Hanovre), prix d'honneur.

SAÜL, quatre ans, rouge doré, par Faust, hors de Silva, à M. Albert Borchers, à Goslar (am Harz), mention honorable 1879, 2e prix Magdebourg 1880, 1er prix Hanovre 1882, 1er prix.

HIRSCHMANN, quatre ans, bringé rouge, par Faust, hors de Silva, à M. Albert Borchers, à Goslar (am Harz), 1er prix Hanovre 1882, 1er prix.

HIRSCHMANN, dix-huit mois, bringé rouge, par Hirschmann Ier, hors de Waldine, à M. Kaiser, à Steina, 2e prix.

WALDO, dix-huit mois, rouge foncé, par Saül, à M. Albert Borchers, à Goslar (am Harz), 2e prix.

SOLO, cinq ans, par Hirschmann (D. H. S. B.,   ), hors de Waldine, à M. de Asseburg-Neindorf, au château de Neindorf, prix d'honneur Elberfeld 1880, prix d'honneur Clèves 1881, mention honorable.

FEMELLES

HELA, deux ans, rouge, par Hirschmann, hors de Hela, à M. l'inspecteur royal des forêts Claus, à Lauthenthal-am-Harz, 1er prix.

NORA, cinq ans, bringé rouge, par Solo, hors de Waldine, à M. l'inspecteur royal des forêts Kahle, au couvent de Wennigsen.

2° Classe. — OTTERHOUNDS

MALE

MISTERY, trois ans, gris brun, par Zester, hors de Ramson, à M. de Knigge, à Beyenrode, près Königslutter. Éleveur M. J. Sirrel, en Angleterre, 1er prix Darlington, 1er prix Bischoss-Auckland, 1er prix Hanovre 1882, 1er prix.

15° Classe. — MEUTES ANGLAISES

15 couples foxhounds exposés par le chenil royal, à Berlin, 1er prix.

LÉVRIERS ÉCOSSAIS

MALES

DRYOD, deux ans, gris loup, par Duncan, hors de Druamah, à M. le Dr H. Müller, à Schönau, près Leipsick, 1er prix Hanovre 1882, 1er prix.

ARABI, un an, gris jaune, par Duncan, hors de Druamah, à M. le lieutenant de Kortzfleisch, à Hanovre.

FEMELLES

IRÈNE, dix-huit mois, jaune, par Duncan, hors de Druamah, à M. H. de Bernuth, à Burgdorf (Hanovre), mention honorable.

DIDO, trois ans, gris jaune zébré noir, par Duncan, hors de Druamah, à M. le lieutenant de Kortzfleich, à Hanovre, mention honorable.

LÉVRIERS ANGLAIS

MALES

SCHELLO, six ans, jaune, à le lieutenant de Waldow, à Berlin, 1er prix.

RANDAL, quatre ans, noir et blanc, à M. le lieutenant de Bredow, à Ohlau (Silésie), 2° prix.

LÉVRIERS ARABES

MALES

PFEIL, quatre ans, jaune, à M. Riels Maedicke, à Berlin, 1er prix.

ALI, six ans, orangé, à M. le Dr Bodinus, à Berlin, 2° prix.

LÉVRIERS RUSSES

MALES

Ivan, dix-huit mois, blanc, à M. le Dr Bodinus, à Berlin, 1er prix.

Popedem, trois ans, jaune, à M. de Kotze, à Berlin, mention honorable.

FEMELLE

Newa, quinze mois, blanche et jaune, à M. le Dr Bodinus, à Berlin, 2e prix.

Chiens d'arrêts.

22e Classe. — BRAQUES ALLEMANDS

Marrons avec peu de taches blanches.

MALES

Hector, six ans (D. H. S. B., 386), par Hector, hors de Juno, 1er prix Magdebourg 1880, prix d'honneur Clèves 1881, 2e prix Hanovre 1882, à M. de Asseburg-Neindorf, au château de Neindorf, près Gross-Oschersleben, 2e prix.

Tell, quatre ans, par Nero, hors de Cora, à M. J. Beckmann, à Berlin, 2e prix.

Feldmann, deux ans, par Caro, hors de Diana, à M. Löbbecke, à Hedwigsbourg, près Wolffenbüttel, 2e prix.

Lord, deux ans, par Karo, hors de Diana, à M. Ferd. Bock, à Iéna, mention honorable.

Unkas, un an, par Hector, hors de Lady, à M. Ostermann, à Domersleben, près Magdebourg, mention honorable.

Hector, deux ans et demi, par Treff, hors de Diana, à M. Flehinghaus, à Berlin, mention honorable.

Harras, deux ans et demi, par Hector, hors de Juno, 2e prix Hanovre 1882, à M. le pharmacien Ortmann, à Kahla am Saale, mention honorable.

23e Classe. — BRAQUES ALLEMANDS

Blancs avec taches marron.

MALES

Boncœur, sept ans, par Hector, hors de Juno, à M. de Kalckstein, à Cappeln, près Westercappeln, 2° prix Hanovre 1882, 2° prix.

Treff, trois ans (D. II. S. B., 573), par Hector, hors de Minca, à M. le capitaine de Lemcke, château de Wernigerode-am-Harz, 2° prix.

24e Classe. — BRAQUES ALLEMANDS

Marrons avec peu de taches blanches.

FEMELLES

Wachtel, deux ans, marron, par Tell, hors de Juno, à M. O. Bornemann, à Hanovre, 2° prix comme chiot Clèves 1881, 1er prix Utrecht 1882, 1er prix.

Amsel, seize mois, par Tell, hors de Diana, à M. Seydel, à Cottbus, 2° prix.

25e Classe. — BRAQUES ALLEMANDS

Blancs avec taches marron.

FEMELLES

Juno, deux ans et demi, par Hector, hors de Juno, à M. Pook, à Röthen, près Göhrde, 1er prix Hanovre 1882, 1er prix.

Lotta, trois ans, par Boston, hors de Cora, à M. A. Willmann, à Schöneberg.

Wanda, quatorze mois, par Neckar, hors de Juno, à M. Klingenberg, à Detmold, prix d'honneur et 1er prix comme chiot Hanovre 1882, prix d'honneur Aix-la-Chapelle 1883, 2° prix.

Juno, seize mois, à M. F. Happoldt, à Hasenhaide (Berlin), mention honorable.

Juno, treize mois, à M. Iserman, au château de Varlar, près Coesfeld, au prince de Solm, mention honorable.

POINTERS

Hors concours.

Naso III, quatre ans, blanc et foie, à M. Th. Rikoff, à Kunzendorf,
près Obernigk (Silésie), éleveur S. A. le prince de Solms-
Braunfels.

    Pedigree : Naso III (D. H. S. B., 441), par Naso II, hors de
Sidney II, 3⁰ prix Berlin 1880, 1ᵉʳ prix et prix d'honneur Elberfeld 1880, 1ᵉʳ prix Haarlem 1880, 1ᵉʳ prix Utrecht 1881, 1ᵉʳ prix
à Clèves 1881, 1ᵉʳ prix Haag 1882. — Fieldtrials : 1ᵉʳ prix
Oppeln 1880, 1ᵉʳ prix Diana (Hollande) 1880, 2ᵉ prix Leipsick
1881, 2ᵉ prix Oppeln 1881, 1ᵉʳ prix Diana (Clèves) 1881, 1ᵉʳ prix
Berlin (Sieger-Suche) 1882, 1ᵉʳ prix Liegnitz 1882.

26⁰ Classe. — POINTERS MALES

Première force.

Cid, deux ans trois mois, blanc et foie (D. H. S. B., 751), à
M. T. Rikoff, à Kunzendorf, par Young-Sam, hors de Mab.

Kall, deux ans neuf mois, blanc et foie, à M. Zimmermann in
Lochau, primé aux fieldtrials 1881 à Leipsick, 1ᵉʳ prix Hanovre
1882, 1ᵉʳ prix.

Ben, trois ans, blanc et jaune, à M. le comte Hardenberg, au château de Hardenberg, près Nörten (Hanovre), par Tory, hors de
Spin, 1ᵉʳ prix.

Dan II (K. C. S. B., 11284), trois ans, blanc et foie, par Wizard,
hors de Belle IV, à M. le comte de Beauffort, à Bruxelles,
1ᵉʳ prix Utrecht 1881, 3⁰ prix Clèves 1881, 2⁰ prix Alexandra-
Palace 1881.

Marshall (K. C. S. B., 13377), trois ans et quatre mois, blanc et
foie, par Bang, hors de Cherry, à S. A. le prince de Solms-
Braunfels.

27⁰ Classe. — POINTERS FEMELLES

Cora, dix mois, blanche et jaune, par Don, hors de Molly-Cobroy, à M. le comte Hardenberg, château de Hardenberg, près Nörten, (Hanovre). Éleveur M. U. Marais, 1er prix.

MAUDLIN, trois ans trois mois, blanche et foie, à M. Zimmermann, à Lochau en Saalkreise, par Garnet, hors de Mop, 2e prix.

JUNO, un an, blanc et foie, par Caro (D. H. S. B., 425), hors de Flora (D. H. S. B., 455), à M. Wilh. Rosenhahn, à Stadtsulza, 2e prix.

POINTERS MALES, *poids léger.*

GARRY, deux ans, blanc et foie (K. C. S. B., 13364), par Garnet, horo de Flirt, à S. A. le prince Albrecht de Solms-Braunfels.

KING-LEAR, trois ans, blanc et foie (D. H. S. B., 438), par Naso II, hors de Sidney, à M. Th. Rikoff, à Kunzendorf, près Obernigh. Éleveur S. A. le prince de Solms, 2e prix Hanovre 1882, 1er prix Utrecht 1882, 1er prix Spa 1882, 1er prix.

FLOCK, quatorze mois, blanc et foie, par Naso II, hors de Wachtel, à M. Wilhelm Rosenhahn, à Stadtsulza. Éleveur M. le baron de Amerongen, 1er prix.

COUNT-BANG, deux ans neuf mois, blanc et foie, par Champion-Bang, hors de Princesse-Kate, à M. G. Duhm, à Berlin. Éleveur M. G. Lowe, à Londres, 2e prix.

TORY (D. H. S. B., 783), deux ans un mois, blanc et foie, par Kimbo, hors de Diana, à M. Phaland, à Berlin, 2e prix.

ROLF, quinze mois, blanc et marron, par Caro, hors de Flora, à Mme Alb. Rosenhahn, à Stadtsulza, mention honorable.

(A suivre.)

ANGLETERRE

Le dixième volume du *Kennel-Club-Calendar*, année 1882, contient les renseignements suivants sur les chiens inscrits en Angleterre en 1882.

70 pointers (chiens), dont 4 à des propriétaires français, 6 à des propriétaires allemands, 2 à des Belges et 1 à un Hongrois.

68 pointers (chiennes), dont 14 à des Français, 4 à des Allemands, 2 à des Belges et 2 à des Hongrois.

56 setters anglais (chiens), dont 2 à des Français et 2 à des Allemands.

65 setters anglais (chiennes), dont 4 à des propriétaires français, 2 à des Allemands, et 1 à un Belge.

44 setters gordon (chiens), dont 26 à des Français et 1 à un Allemand.

61 setters gordon (chiennes), dont 35 à des Français, 4 à des Allemands.

27 setters irlandais (chiens), dont 4 à des Francais.

50 setters irlandais (chiennes), dont 7 à des Français. Ce qui fait supposer que le setter gordon est le chien qui paraît convenir le plus à nos chasseurs et qui réussit le mieux en France. Voici la liste de ces chiens.

POINTERS

Propriétaires français.

Don-of-Don (K. C. S. B., 13359), à M. G. de Douhet de Villosanges, château d'Authezat, par Veyre (Puy-de-Dôme), acheté à M. F. Laval.

Pedigree. Don-of-Don, blanc et orange, né le 10 mai 1882, par Don à M. Paul Caillard, hors de Sue (K. C. S. B., 11355). — Don, par Mac-Gregor (K. C. S. B., 894), hors de Judy. — Judy, par Bang (K. C. S. B., 739).

Lindor (K. C. S. B., 13374), à M. Arthur Girard, à Ruffec (Charente). Éleveur M. F. Bussac.

Pedigree. Lindor, né le 14 avril 1882, par Ponto, hors de Flash II (K. C. S. B., 10075).

Lord-Rockingham (K. C. S. B., 10025), à M. Didot, chenil de la *Chasse Illustrée.* Éleveur M. Mason Shipley, à Yorks (Angleterre).

Pedigree. Lord-Rockingham, par Bang (K. C. S. B., 739), hors de Lady Romp II (K. C. S. B., 10088). Lord-Rockingham, 2ᵉ prix Alexandra Palace; 2ᵉ prix Chesterfield.

Spider (K. C. S. B., 13385), à M. de Becquincourt, château de Bellancourt, par Nesle (Somme).

Pedigree. Spider, sans date de naissance, ni vendeur indiqué, foie et blanc, par Ponto, à M. Richardson, hors de Mona. — Mona, par Rock, hors de March. — Rock, par Major, à M. Schmidt, hors de Dido.

Propriétaires allemands.

Borax (K. C. S. B., 13348), à M. le baron de Amerongen. Éleveur M. F. C. Lowe.

Pedigree. Borax, né le 7 juillet 1880, par Bang, à M. S. Price, hors de Princess-Kate. Borax a été 1ᵉʳ à Bournemouth (Angleterre).

Garry (K. C. S. B., 13364), à S. A. le prince de Solms-Braunfels. Éleveur M. Pilkington.

Pedigree. Garry, né le 20 février 1881, foie et blanc, par Garnet (K. C. S. B., 8114), hors de Flirt, à lord Sefton. — Flirt, par Mat, hors de Deuce.

Grant (K. C. S. B., 13365), à S. A. le prince de Solms-Braunfels. Éleveur M. Grant.

Pedigree. Grant, né le 8 février 1882, blanc et foie, par Bang (K. C. S. B., 10097).

Jasper III (K. C. S. B., 13368), à M. Franz Guillemane, à Bonn (Allemagne). Éleveur M. Mason (Angleterre).

Pedigree. Jasper III, né en octobre 1879, blanc et foie, taches

jaunes à la tête, par Jim, à M. Smithie, hors de Belle. — Belle,
par Rap, à M. Whitehouse, hors de Ruth, à M. Pearce.

Lancet-of-Braunfels (K. C. S. B., 13373, à S. A. le prince de
Solms-Braunfels. Éleveur M. Pilkington.

Pedigree. **Lancet-of-Braunfels**, né en février 1879, blanc et
foie, par Bang (K. C. S. B., 739), hors de Jessamine. — Jessamine, par Mars, hors de Jilt.

Marshall (K. C. S. B., 13377), à S. A. le prince de Solms-Braunfels. Éleveur M. Blenkiron.

Pedigree. **Marshall**, né en mars 1880, blanc et foie, par
Bang, hors de Cherry.

Propriétaires belges.

Boy (K. C. S. B., 13350, à M. Félix L'Hoest, 3, place Saint-Paul,
à Liège (Belgique). Éleveur S. A. le prince de Solms-Braunfels.

Pedigree. **Boy**, blanc, taches marron, par Bang, hors de
Lady-Mona. — Lady-Mona, par Naso II (K. C. S. B., 8123). —
Bang, par Young-Bang (K. C. S. B., 4994), hors de Lorna. —
Lorna, par Tory (K. C. S. B., 6058), hors de Jessie (K. C. S. B.,
6073).

Boy-Granger (K. C. S. B.), 13351, à M. J. Dodemont, à Huy (Belgique). Éleveur le propriétaire.

Pedigree. **Boy-Granger**, né le 30 juin 1882, par Naso II
(K. C. S. B., 8123), hors de Mab. — Mab, par Mike (K. C. S. B.,
4215), hors de Bell (K. C. S. B., 1059).

Propriétaires hongrois.

Villam II (K. C. S. B., 13389), à M. Zoltan de Hanway, à Hanwaye
près Banreve (Hongrie). Éleveur M. Lowe.

Pedigree. **Villam II**, né en septembre 1882, blanc et foie, par
Lancet (K. C. S. B., 13373), hors de Kew. — Kew, par Young-
Bang (K. C. S. B., 4994), hors de Jessie (K. C. S. B., 6073).

POINTERS FEMELLES

68 pointers femelles, dont 14 à des propriétaires français, 4 à
des Allemands, 2 à des Belges, et 2 à des Hongrois.

Bang-Sues (K. C. S. B., 13395), à M. A. Girard, à Ruffec (Charente). Éleveur M. F. Laval.

Pedigree. Bang-Sues, née en mai 1882, par Don, à M. Laval, hors de Sue (K. C. S. B., 11355). — Don, par Mac-Gregor (K. C. S. B., 894), hors de Judy. — Judy, par Bang (K. C. S. B., 739).

Beauty II (K. C. S. B., 13397), à M. G. de Champs, à Cosne (Nièvre). Éleveur M. Paul Caillard.

Pedigree. Beauty II, née le 5 avril 1882, par Bywell (K. C. S. B., 8106), hors de Judy. — Judy, par Breeze II (K. C. S. B., 10064), hors de Shot (K. C. S. B., 10047).

Busy III (K. C. S. B., 13405), à M. Paul Caillard, château du Bel-Air (Loir-et-Cher). Éleveur le propriétaire.

Pedigree. Busy III, née le 9 mars 1881, blanche et citron, par Bywell (K. C. S. B., 8106), hors de Ruby (K. C. S. B., 6091).

Dhina-Beauty (K. C. S. B., 13408), à M. Fernand Laval, château de Miraval, près Castres (Tarn). Éleveur M. A. Girard.

Pedigree. Dhina-Beauty, née le 17 juin 1882, noire tiquetée, par Fop, hors de Juno VII (K. C. S. B., 10081). — Fop, par Major (K. C. S. B., 6038), hors de Nell.

Diane (K. C. S. B., 13409), à M. A. Girard, à Ruffec (Charente). Éleveur le propriétaire.

Pedigree. Diane, née en juin 1882, par Fop, à M. T. Lange, hors de Juno VII (K. C. S. B., 10081). — Fop, par Major (K. C. S. B., 6038), hors de Nell.

Dora-Calm (K. C. S. B., 13413), à M. Legard, juge à Ruffec (Charente). Éleveur M. F. Laval.

Pedigree. Dora-Calm, née le 11 octobre 1881, blanche et orange, par Don, à M. Laval, hors de Sue (K. C. S. B., 11335). — Don, par Mac-Gregor (K. C. S. B., 894), hors de Judy. — Judy, par Bang (K. C. S. B., 739).

Fane (K. C. S. B., 13414), à M. E. Cazier, par Fruges (Pas-de-Calais). Éleveur M. Larivière, à Hesdin.

Pedigree. Fane, née le 3 janvier 1881, blanche et foie, par Kabyle, hors de Lucy.

Juno X (K. C. S. B.. 13425), à M. A. Girard, à Ruffec (Charente). Éleveur le propriétaire.

Pedigree. Juno X, née le 17 juin 1882, par Fop, à M. Girard, hors de Juno VII (K. C. S. B., 10081). — Fop, par Major (K. C. S. B., 6038), hors de Nell.

Ketty-Bell (K. C. S. B., 13426), à M. le vicomte de Pontavice, château de Feulavois, par Fougère (Ille-et-Vilaine). Éleveur M. F. Laval.

Pedigree. Ketty-Bell, née en mai 1882, par Don, à M. Laval, hors de Sue (K. C. S. B., 11355). — Don, par Mac-Gregor (K. C. S. B., 834), hors de Judy-Judy, par Bang (K. C. S. B., 739).

Lahire (K. C. S. B., 13434), à M. Le Legard, à Ruffec (Charente), éleveur M. A. Girard.

Pedigree. Lahire, né le 17 juin 1882, par Fop, hors de de Juno VII (K. C. S. B., 10081).

Mabel-of-Don (K. C. S. B., 13436), à M. G. de Douhet de Villosange, château d'Authezat, près Veyre (Puy-de-Dôme), éleveur M. J. Laval.

Pedigree. Mabel-of-Don, née le 10 mai 1882, par Don, hors de Sue (K. C. S. B., 11355). — Don, par Mac-Gregor (K. C. S. B., 894), hors de Judy. — Judy, par Bang (K. C. S. B., 739).

Mossy-Face (K. C. S. B., 13439), à M. Gustave Leblanc, 59, rue Lafayette, éleveur M. G. Moore.

Pedigree. Mossy-Face, née en 1879, blanche et foie, par Wagg (K. C. S. B., 4227), hors de Moss (K. C. S. B., 7125).

Ritta (K. C. S. B., 13445), à M. Munet, boulevard du Champ-de-Mars, à Bourg (Ain), éleveur M. Paul Caillard.

Pedigree. Ritta, née le 29 juillet 1881, par Bywell (K. C. S. B., 8106), hors de Judy. — Judy, par Shot VII, hors de Breeze II (K. C. S. B., 10064).

Romp's-Baby (K. C. S. B., 13446), à M. Arvengas, en France, éleveur M. Salter.

Pedigree. Romp's-Baby, né le 5 mai 1880, noir, par Mike

(K. C. S. B., 4215), hors de Romp (K. C. S. B., 4249). Romp's-Baby a eu le 1ᵉʳ prix aux Blaudford fieldtrials (all-ages stakes).

Propriétaires allemands.

DIANA II (K. C. S. B., 13410), à M. G. Piedbœuf, à Aix-la-Chapelle (Allemagne), éleveur M. Spence.

Pedigree. DIANA II, née le 20 juin 1880, blanche et foie, par Drake III (K. C. S. B., 10016), hors de Kate.— Kate, par Ponto, hors de Mona.

DIDO III (K. C. S. B., 13411, à M. G. Piedbœuf, à Aix-la-Chapelle (Allemagne), éleveur M. Spence.

Pedigree. DIDO III, né le 20 juin 1880, blanc et foie, par Drake III (K. C. S. B., 10016), hors de Kate.— Kate, par Ponto, hors de Mona.

KEW (K. C. S. B., 13427), à S. A. le prince de Solms-Braunfels, éleveur M. Pilkington.

Pedigree. KEW, blanc et foie, date de naissance perdue, par Young-Bang (K. C. S. B., 4994), hors de Jessie (K. C. S. B., 6073).

LADY-MONA-OF-BRAUNFELS (K. C. S. B., 13431), à S. A. le prince de Solms, éleveur le propriétaire.

Pedigree. LADY-MONA-OF-BRAUNFELS, blanche et foie, née le 11 avril 1880, par Naso II (K. C. S. B., 8123), hors de Sidney II (K. C. S. B., 11353).

Propriétaires belges.

FLIRT III (K. C. S. B., 13416), à M. Victor Vanderhey de Derrider, rue Christine, à Ostende (Belgique).

Pedigree. FLIRT III, née en novembre 1881, blanche et foie, par Don-Juan, hors de Flirt. — Flirt, par Champion-Bang. — Don-Juan, par Random.

MAB III (K. C. S. B., 13435), à M. J. Dodemont, à Huy (Belgique), éleveur M. Salter.

Pedigree. MAB III, née en avril 1879, blanche et foie, par Mike (K. C. S. B., 4215), hors de Bell (K. C. S. B., 10081).

Propriétaires hongrois.

BELLE-OF-THE-VILLAGE (K. C. S. B., 13400), à M. Zoltan de Hanway,
à Hanwaye, près Banreve (Hongrie), éleveur M. Wilson.

Pedigree. BELLE-OF-THE-VILLAGE, née en janvier 1881, blanche
et foie, par Shot, hors de Nell.— Nell, par Mars, hors de Bloom.

KINES (K. C. S. B., 13428), à M. Zoltan de Hanway, à Hanwaye,
près Banreve (Hongrie), éleveur M. G. H. Grant.

Pedigree. KINES, née en septembre 1882, blanche et foie, par
Will-of-the-Wisp (K. C. S. B., 10058), hors de Maid-of-Medina
(K. C. S. B., 10097).

SETTERS ANGLAIS

Propriétaires français.

BEN III (K. C. S. B., 12494), à M. de Champs, à Cosne (Nièvre),
éleveur le propriétaire.

Pedigree. BEN III, blanc et jaune, né le 20 juin 1881, par
Général-Monk, à M. Tondreau-Loiseau, hors de Miss. — Miss,
par Ben.

SPOT II (K. C. S. B., 12529), à M. G. de Champs, à Cosne (Nièvre),
éleveur le propriétaire.

Pedigree. SPOT II, blanc et jaune, né le 20 juin 1881, par
Général-Monk, hors de Mis, par Ben.

Propriétaires belges.

COUNT-MAX (K. C. S. B., 12499), à M. Max de Loer, château de
Solières (Belgique), éleveur S. A. le prince de Solms.

Pedigree. COUNT-MAX, blanc et noir (blue belton), né le
18 septembre 1881, par Marquis, à S. A. le prince de Solms,
hors de Rum. — Marquis, par Tam-O'Shanter (K. C. S. B., 6118),
hors de La Reine (K. C. S. B., 6138). — Rum, par Shot, hors
de Rummage. — Rummage, par Rock ((K. C. S. B., 4280), hors
de Rum (K. C. S. B., 1555).

Propriétaires allemands.

Roderick-of-Braunfels (K. C. S. B., 12520), à S. A. le prince de
de Solms, acheté à M. Clément, éleveur M. Soulham.

Pedigree. Roderick-of-Braunfels, noir et blanc, né en janvier
1880, par Jeune, hors de Juno. — Jeune, par Leicester (K. C.
S. B., 4271), hors de Dart (K. C. S. B., 7191). — Juno, par
Bandit (K. C. S. B., 4258), hors de Countess.

Tam-of-Braunfels (K. C. S. B., 11404), à S. A. le prince de Solms.

Pedigree. Tam-of-Braunfels, par Tam-O'Shanter (K. C. S. B.,
6118), hors de Darsy (K. C. S. B., 6130), 4° prix au National
Field-Trials (setter stakes).

SETTERS ANGLAIS FEMELLES
Propriétaires français.

Breeze (K. C. S. B., 12539), à M. Gautier, à Langon (Gironde).
Pedigree. Breeze, blanche et orange, par Tory, hors de
Daisy (K. C. S. B., 6131). — Daisy, par Blue-Prince (K. C. S. B.,
4289), hors de Blue-Cora. — Blue-Cora, sœur de Prince et
Countess, à M. Llewellin, est par Dash, hors de Moll.

Fly (K. C. S. B., 12550), à M. G. de Champs, à Cosne (Nièvre),
éleveur le propriétaire.
Pedigree. Fly, née le 20 mars 1882, blanche et orange, par
Frolic, hors de Nubienne. — Nubienne, par Ben, hors de Miss-
Frolic. — Miss-Frolic, par Frank (K. C. S. B., 1367), hors de Bess.

Love (K. C. S. B., 12560), à M. G. de Champs, à Cosne (Nièvre),
sœur de Fly. Même portée.

Mona III (K. C. S. B., 12565), à M. G. de Champs, à Cosne (Nièvre),
éleveur le propriétaire.
Pedigree. Mona III, née le 20 juin 1881, par Général-Monk,
hors de Miss.

Propriétaires belges.

Soma (K. C. S. B., 12583), à M. Max de Soer, château de Solières,
par Huy (Belgique), avant à M. le comte Grotanelli, éleveur
S. A. le prince de Solms.

Pedigree. SOMA, née le 13 septembre 1881, blanche et noire, (blue belton), par Marquis, hors de Lady-Catherine (K. C. S. B., 9139). — Marquis, par Tom-O'Shanter (K. C. S. B., 6118), hors de La Reine (K. C. S. B., 6138).

Propriétaires allemands.

JANCA II (K. C. S. B., 12556), à S. A. le prince de Solms-Braunfels, éleveur le propriétaire.

Pedigree. JANCA II, née en août 1879, couleur blanche, noire et feu, par Dash III (K. C. S. B., 8171), hors de Janca. — Janca, par Mac, hors de White. — Mac, par Don, hors de Vénus. — White, par Quince (K. C. S. B., 1400). — Don, par Dash (K. C. S. B., 1342). — Vénus, propre sœur de Judy.

MAY-QUEEN (K. C. S. B., 12564), à S. A. le prince de Solms, éleveur le propriétaire.

Pedigree. MAY-QUEEN, née en avril 1880, blanche et noire, par Murray, hors de Pride (K. C. S. B., 8220). — Murray, par Fred III (K. C. S. B., 1374), hors de Vagnol, propre sœur de Champion-Ranger (K. C. S. B., 1409).

SETTERS GORDON NOIR ET FEU

ARABI (K. C. S. B., 13450), à M. Willame Pagnier, 2, allées Duportal, à Villemonble (Seine), éleveur le propriétaire.

Pedigree. ARABI, né le 29 juin 1882, noir et feu, quelques poils blancs, par Matthias (K. C. S. B., 12179), hors de Wing (K. C. S. B., 12177).

BEN III (K. C. S. B., 13452), à M. Willame Pagnier, 2, allées Duportal, à Villemonble (Seine), éleveur le propriétaire.

Pedigree. BEN III, né le 29 juin 1882, par Matthias (K. C. S. B., 12179), hors de Wing (K. C. S. B., 12177).

BOU-AMENA (K. C. S. B., 13454), au même propriétaire, frère des précédents. Même portée.

EOLE (K. C. S. B., 13460), au même propriétaire, frère des précédents. Même portée.

Lang III (K. C. S. B., 13463), au même propriétaire, frère des
précédents. Même portée.

Dan IV (K. C. S. B., 13458), à M. G. de Champ, à Cosne (Nièvre),
éleveur le propriétaire.

    Pedigree. Dan IV, né le 6 juillet 1882, par Dan III, hors de
Juno. — Juno, par Ronald (K. C. S. B., 6159), hors de Flory
(K. C. S. B., 6170). — Dan III, par Dan II, hors de Kate.

Féodora (K. C. S. B., 13462), à M. Paul Caillard, château du Bel-
Air (Loir-et-Cher), éleveur le propriétaire.

    Pedigree. Féodora, né le 16 juin 1881, par Monarch (K. C.
S. B., 5099), hors de Bloom II (K. C. S. B., 10267).

Marc II (K. C. S. B., 13466), au même propriétaire, frère du précédent. Même portée.

Go II (K. C. S. B., 13461), à M. Charles Lebeau (Boulogne-sur-
Mer, éleveur le propriétaire.

    Pedigree. Go II, né le 6 juillet 1882, par Dan III, hors de
Juno. — Juno, par Ronald (K. C. S. B., 6159), hors de Florry
(K. C. S. B., 6170).

Major II (K. C. S. B., 13464), à M. Maurice de Monti, château de
Saint-Georges, par Doué-la-Fontaine (Maine-et-Loire), éleveur
M. Paul Caillard.

    Pedigree. Major II, né le 2 juillet 1881, par Rock (K. C. S. B.,
5103), hors de Kate (K. C. S. B., 9181).

Mac (K. C. S. B., 13465), à M. F. Josson, au Raincy, près Paris,
éleveur le propriétaire.

    Pedigree. Mac, né le 28 février 1879, par Ranger, hors de
Miss.

Milano (K. C. S. B., 13468), à M. Paul Faucon, rue de l'Isle, à
Libourne (Gironde), éleveur le propriétaire.

    Pedigree. Milano, né le 26 mai 1882, par Derrick (K. C. S. B.,
11494), hors de Flore.

Mir (K. C. S. B., 13469), à M. Cyprien d'Uzer, à Mont-de-Marsan,
éleveur le propriétaire.

Pedigree. Mir, né le 3 janvier 1881, par Monarch (K. C. S. B.,
5099), hors de Duchesse (K. C. S. B., 10271).

Monarch III (K. C. S. B., 13470), à M. G. de Champ, à Cosne
(Nièvre), éleveur le propriétaire.

Pedigree. Monarch III, né le 23 juin 1882, par Dan III, hors
de Nell VI (K. C. S. B., 13527).

Negro (K. C. S. B., 13471), à M. Ed. Cazier, à Hézecques, par
Fruges (Pas-de-Calais).

Pedigree. Negro, né le 20 mai 1882, par Duck VI (K. C. S. B.,
11478, hors de Nell. — Nell, par Perdreau, hors de Flora.

Pilot II (K. C. S. B., 13472), à M. de Salvert, 2, rue Saint-Joseph,
à Lyon (Rhône), éleveur M. L. de Pascal.

Pedigree. Pilot II, né le 11 avril 1880, par Bock (K. C. S. B.,
5103), hors de Duchess. — Duchess, par Rex (K. C. S. B., 1617),
hors de Duchess (K. C. S. B., 1692).

Pyram (K. C. S. B., 13473), à M. Ed. de Villeplaine, 5, rue
Cambon, à Paris, éleveur M. Paul Caillard.

Pedigree. Pyram, né le 7 mars 1882, par Rock (K. C. S. B.,
5103), hors de Nellie II (K. C. S. B., 10282).

Rock III (K. C. S. B., 13475), à M. le baron de Jessé-Levas, château de la Durie, par Charlieu (Loire), éleveur M. Paul Caillard.

Pedigree. Rock III, né le 2 mars 1882, par Rock (K. C. S. B.,
5103), hors de Bess. — Bess, par Monarch (K. C. S. B., 5099),
hors de Flora II. — Flora II (K. C. S. B., 10275).

Rock IV (K. C. S. B., 13476), à M. L. Bodin, 2, place des Archives,
à Tours (Loiret), éleveur M. de Champs.

Pedigree. Rock IV, né le 23 juin 1882, par Dan III, hors de
Nell. — Nell, par Rock (K. C. S. B., 5103), hors de Bell.

Rock V (K. C. S. B., 13477), à M. G. de Champs, à Cosne (Nièvre),
éleveur le propriétaire.

Pedigree. Rock V, né le 23 juin 1882, par Dan III, hors de
Nell.

Ronald IV (K. C. S. B., 15480), à M. le comte de Lanjuinais, 31, rue Cambon, à Paris, éleveur M. Paul Caillard.

Pedigree. Ronald IV, né le 23 janvier, par Rock (K. C. S. B., 5103), hors de Bloom (K. C. S. B., 10267).

Sam III (K. C. S. B., 13482), à M. Paul Francezou, 19, rue d'Avejan, à Alais (Gard).

Pedigree. Sam III, né le 25 mai 1882, par Rock (K. C. S. B., 5103), hors de Busy. — Busy, par Monarch (K. C. S. B., 5099).

Satyr (K. C. S. B., 13483), à M. Henry de Mainier, à Rhodez (Aveyron), éleveur M. A. Dessaigne.

Pedigree. Satyr, né le 8 mars 1882, par Tore (K. C. S. B., 11483), hors de Fine (K. C. S. B., 11506).

Saphir (K. C. S. B., 13484), à M. G. du Koslan, 27, avenue des Champs-Élysées, à Paris, éleveur M. H. de Mainier.

Pedigree. Saphir, né le 18 juillet 1882, noir et feu, par Scott (K. C. S. B., 10258), hors de Kate II (K. C. S. B., 11513).

Toto (K. C. S. B., 13593), à M. Saugnier, à Compiègne (Oise), avant à M. E. Debuire, éleveur M. Lefebvre.

Pedigree. Toto, né le 6 décembre 1879, noir et feu avec tache blanche à la poitrine, par Pluton, à M. Lefebvre, hors de Diane. — Pluton, par Black, à M. de Saint-Just, hors de Miss.

Trim (K. C. S. B., 13487), à M. F. Josson, au Raincy, près Paris, éleveur le propriétaire.

Pedigree. Trim, par Mac, hors de Norah.

Propriétaires allemands.

Bishop (K. C. S. B., 10235). à S. A. le prince de Solms, éleveur M. E. L. Parson, Eaststreet, Taunton.

Pedigree. Bishop, par Bob (K. C. S. B., 8230), hors de Bangle. — Bangle, par Duke (K. C. S. B., 1592), 1er prix à Alexandra Palace.

SETTERS GORDON (CHIENNES)

Propriétaires français.

AMINE (K. C. S. B., 13489), à M. Willame Pagnier, 2, allées Duportal, à Villemonble (Seine). Éleveur le propriétaire.

Pedigree. Née le 29 juillet 1882, par Matthias (K. C. S. B., 12179), hors de Wing (K. C. S. B., 12177).

MEG II (K. C. S. B., 13521), à M. Willame Pagnier, sœur d'Amine. Même portée.

PRINCESS-OLGA (K. C. S. B., 13533), à M. Willame Pagnier, sœur des précédentes. Même portée.

BLOOM III (K. C. S. B., 13491), à M. le docteur J. J. Lafon, à Sainte-Soulle (Charente-Inférieure). Éleveur M. Paul Caillard.

Pedigree. Née le 29 janvier 1880, par Rock (K. C. S. B., 5103), hors de Bloom (K. C. S. B., 10267).

COUNTESS III (K. C. S. B., 13492), à M. G. de Champs, à Cosne (Nièvre). Éleveur le propriétaire.

Pedigree. Née le 23 juin 1882, par Dan III, hors de Nell. — Dan III, par Dan II, hors de Kate. — Nell, par Rock, hors de Bell.

FŒDORA II (K. C. S. B., 13504), à M. G. de Champs, à Cosne (Nièvre).

Pedigree. Sœur de la précédente. Même portée.

GIPSY III (K. C. S. B., 13506), à M. G. de Champs, à Cosne (Nièvre).

Pedigree. Sœur des précédentes. Même portée.

KATE VIII (K. C. S. B., 13514), à M. G. de Champs, à Cosne (Nièvre).

Pedigree. Sœur des précédentes. Même portée.

DIANE (K. C. S. B., 13494), à M. Paul Faucon, 32, rue de l'Isle, à Libourne (Gironde). Éleveur le propriétaire.

Pedigree. DIANE, née le 15 juillet 1881, par Milano, hors de Ita. — Milano, par Rock (K. C. S. B., 5103), hors de Lady-Marie. — Ita, par Monarch (K. C. S. B., 5099), hors de Flora.

Diane II (K. C. S. B., 13495), à M. L. de Pascal, 49, rue de l'Hôtel-de-Ville, à Lyon (Rhône). Éleveur M. Paul Caillard.

Pedigree. Née le 21 juin 1881, par Rock (K. C. S. B., 5103), hors de Kate II (K. C. S. B., 9181).

Duchess VI (K. C. S. B., 13497), à M. Chas-d'Ayreux, à Laplume (Lot-et-Garonne). Éleveur le propriétaire.

Pedigree. Née le 3 janvier 1881, par Monarch (K. C. S. B., 5099), hors de Duchess II (K. C. S. B., 10271).

Duchess VII (K. C. S. B., 13498), à M. Georges Meritan, château de Crau, près Saint-Andiol. Éleveur M. Mainier.

Pedigree. Née le 23 novembre 1881, par Scott (K. C. S. B., 10258), hors de Kate II (K. C. S. B., 11513).

Fan V (K. C. S. B., 13500), à M. G. de Champs, à Cosne (Nièvre). Éleveur M. Frechon.

Pedigree. Fan V, née le 22 juillet 1879), par Ronald (K. C. S. B., 6159), hors de Lady-Flory (K. C. S. B., 6170).

Flame II (K. C. S. B., 13502), à M. le comte de Vezin, château de Vezin (Aveyron). Éleveur M. Paul Caillard.

Pedigree. Née le 7 mars 1882, par Rock (K. C. S. B., 5182), hors de Nellie. — Nellie II (K. C. S. B., 10282).

Gipsy II (K. C. S. B., 13505), à M. Henri de Mainier, à Rodez (Aveyron). Éleveur le propriétaire.

Pedigree. Gipsy II, par Scott (K. C. S. B., 10258), hors de Kate II (K. C. S. B., 11513).

Juno VI (K. C. S. B., 13509), à M. de Champs, à Cosne (Nièvre). Éleveur M. Frechon.

Pedigree. Juno VI, née le 22 juillet 1879, par Ronald (K. C. S. B., 6159), hors de Lady-Flory (K. C. S. B., 6170).

Kate V (K. C. S. B., 13511), à M. Firmin Castex, consul de l'Uruguay, place de Guissconey, , a Bordeaux. Éleveur M. Paul Caillard.

Pedigree. Née le 29 mai 1882, par Don II (K. C. S. B., 10243), hors de Cybèle (K. C. S. B., 10270).

Kate VI (K. C. S. B., 13512), à M. Paul Gautier, à Langon (Gironde). Éleveur M. Auguste Tondreau-Loiseau.

Pedigree. Née le 23 août 1880, par Duke (K. C. S. B., 10248), hors de Duchess (K. C. S. B., 10272).

Leda (K. C. S. B., 13516), à M. de Arsis, château de Ronceray, par Écommoy (Sarthe). Éleveur M. Paul Caillard.

Pedigree. Née le 19 mars 1882, par Don II (K. C. S. B., 10243), hors de Dona. — Dona, par Monarch (K. C. S. B., 5099), hors de Flora II (K. C. S. B., 10275).

Mabel (K. C. S. B., 13517), à M. Cazier, à Hezecques, par Fruges (Pas-de-Calais).

Pedigree. Née le 20 mai 1882, par Duck VI, hors de Nell. — Nell, par Perdreau, hors de Rita.

Maud (K. C. S. B., 13520), à M. Paul Caillard, château du Bel-Air (Loir-et-Cher). Éleveur le propriétaire.

Pedigree. Maud, par Monarch (K. C. S. B., 5099), hors de Bloom II (K. C. S. B., 10267).

Mina II (K. C. S. B., 13522), à M. le vicomte de Lestrange, 26, rue Cambon, Paris. Éleveur M. F. Josson.

Pedigree. Née le 27 mars 1880, par Rex II (K. C. S. B., 5101), hors de Jessie (K. C. S. B., 8248).

Miss II (K. C. S. B., 13523), à M. Ed. de Villeplaine, 5, rue Cambon, Paris. Éleveur M. Paul Caillard.

Pedigree. Née le 19 mars 1882, par Monarch (K. C. S. B., 5099), hors de Judy. — Judy, par Rock (K. C. S. B., 5103), hors de Bell V (K. C. S. B., 10263).

Nell IV (K. C. S. B., 13525), à M. le baron de Jessé-Leva, château de la Durie, près Charlieu (Loire). Éleveur M. Honoré Dudouit.

Pedigree. Nell IV, née le 28 août 1881, par Victor, hors de Joy.

Nell V (K. C. S. B., 13526), à M. Josson, au Raincy, près Paris. Éleveur le propriétaire.

Pedigree. Nell V, née le 2 juillet 1879, par Rock, hors de Reine.

Nell VI (K. C. S. B., 13527), à M. G. de Champs, à Cosne (Nièvre).
Éleveur M. Paul Caillard.

Pedigree. Nell VI, née le 15 février 1880, par Rock, hors de
Bell. — Rock, par Ronald (K. C. S. B., 6159), hors de Rhine V
(K. C. S. B., 1600). — Bell, par Monarch (K. C. S. B., 5099),
hors de Flora.

Nora VII (K. C. S. B., 13529), à M. le baron de Jessé-Leva, château
de la Durie, par Charlieu (Loire). Éleveur M. H. de Mainier.

Pedigree. Née le 18 juillet 1882, par Scott (K. C. S. B., 10258),
hors de Kate II (K. C. S. B., 11513).

Nora VIII (K. C. S. B., 13530), à M. C. Boulanger, à Caulaincourt
(Aisne). Éleveur M. Paul Caillard.

Pedigree. Née le 16 octobre 1882, par Monarch (K. C. S. B.,
5099), hors de Flora II (K. C. S. B., 10275).

Patti (K. C. S. B., 13532), à M. Josson, au Raincy, près Paris.
Éleveur M. Wellount.

Pedigree. Née le 1er juin 1882, par Clan-Gordon (K. C. S. B.,
11473), hors de Queenie (K. C. S. B., 8253).

Raincy-Nell (K. C. S. B., 13535), à M. F. Josson, au Raincy.
Éleveur le propriétaire.

Pedigree. Née le 29 mars 1882, par Mac, hors de Norah.

Rhona II (K. C. S. B., 13536), à M. Eugène Franche, château de
Villeray, par Condé-sur-Huisne (Orne). Éleveur M. Paul Caillard.

Rosette (K. C. S. B., 13538), à M. Armand Walford, rue Coque-
bert, 45, à Reims. Éleveur M. W. Mount.

Pedigree. Rosette, née le 5 juin 1881, par Prince-Charlie
(K. C. S. B., 10255), hors de Rose II (K. C. S. B., 10288).

Ruth (K. C. S. B., 13540), à M. Henri Mainier, à Rodez (Aveyron).
Éleveur M. Paul Caillard.

Pedigree. Née le 7 mars 1882, par Rock (K. C. S. B., 9193),
hors de Nell (K. C. S. B., 7252).

Propriétaires allemands.

Empress-of-Braunfels (K. C. S. B., 13499), à S. A. le prince de
Solms. Éleveur le propriétaire.

Pedigree. Née en février 1882, par Donald (K. C. S. B., 11476), hors de Empress. — Empress, par Young-Dan, hors de Kate. — Young-Dan, par Dan (K. C. S. B., 1580), hors de Kate. — Kate, par Rex (K. C. S. B., 1617).

Fairy (K. C. S. B., 13501), à S. A. le prince de Solms. Éleveur M. E. L. Parson.

Pedigree. Née en avril 1881, par Marquis (K. C. S. B., 8236), hors de Bangle. — Bangle, par Duke (K. C. S. B., 1592), hors de Moll (K. C. S. B., 7249).

Floss-of-Braunfels (K. C. S. B., 13503), à S. A. le prince de Solms. Éleveur M. Parson.

Pedigree. Née en juin 1881, par Bishop (K. C. S. B., 10235), hors de Floss (K. C. S. B., 4319).

Lady-Jess (K. C. S. B., 13515), à S. A. le prince de Solms. Éleveur le propriétaire.

Pedigree. Née en juin 1880, par Grouse II (K. C. S. B., 10250), hors de Jess. — Jess, par Blossom (K. C. S. B., 5090).

INSCRIPTIONS AU STUD BOOK CONTINENTAL
Octobre 1883

2281. Monarch II, setter gordon mâle, à M. Le Gualès, château de Kerverniou, par Elliant (Finistère).

Pedigree. Monarch II, né le   par Monarch (K. C. S. B., 5099), à M. Paul Caillard, hors de Flora, à M. Paul Caillard. — Monarch, par Rhona, hors de Lang. — Flora, par Champion-Lang, hors de Norah.

2282. Nellie, setter gordon femelle, à M. Le Gualès, château de Kerverniou, par Elliant (Finistère).

Pedigree. Nellie, née le   par Rock, à M. Paul Caillard, hors de Daphné, au même proprié-

taire. — Rock, par Champion-Ronald, hors de Rhine V.
— Daphné, par Champion-Lang, hors de Flora.

2283. Juno, pointer, chienne blanche et foie, à M. Paul Califice,
49, boulevard Frère-Orban, à Liège (Belgique).

Pedigree. Juno, née le 24 avril 1880, chez M. Paul
Caillard, à Bel-Air, commune de Saint-Laurent des Eaux
(Loir-et-Cher), par Bywell (K. C. S. B., 8106), hors de
Breeze II (K. C. S. B., 10064). Mention très honorable.
Exposition d'Ostende, 1883.

2284. Flora, setter anglais laverack, chienne blanche et blue belton (tête noire), à M. Paul Califice, 49, boulevard Frère-
Orban, à Liège (Belgique).

Pedigree. Flora, née le 16 juillet 1882, chez M. U. Marais, à Hanovre (Prusse), par Count (D. H. S. B., 513),
1er prix Hanovre 1882, hors de Princess-Irène, 1er prix
Berlin 1880. — Count, par Champion-Rock (K. C. S. B.,
4280), hors de Dream (K. C. S. B., 8205). — Princess-
Irène, par Tam-O'Shanter (K. C. S. B., 6118), hors de
Rhoda (K. C. S. B., 1547).

Suite de l'Exposition de Berlin.

Floch, deux ans six mois, blanc et foie, par Naso II, hors de
Juno, à M. Ad. Lüpke, à Steuerndieb, près Hanovre, éleveur
M. Marais, mention honorable.

Beau-of-Surston, ex Pan, un an six mois, par Bonas-Sancho, hors
de Juno VI, à MM. Carter et Holland, à Balby (Doncaster),
1er prix Epworth 1882, 1er prix Grimsby 1882, 2e prix Sheffield
1883, mention honorable.

POINTERS (CHIENNES), poids leger.

Bessie, deux ans six mois, blanc et foie, par Naso II, hors de

Sidney, à M. de Elsner, à Pilgramsdorf, près Goldberg (Silésie), éleveur S. A. le prince de Solms-Braunfels, prix d'honneur.

Miss-Byron, quatre ans, blanc et jaune, par Champion-Byron, hors de Lady-Byron, à M. U. Marais, à Hanovre, éleveur M. Waddington, 1er prix Manchester 1880, 2º prix Hanovre 1882, couverte par Dante le 27 avril 1883, 1er prix.

Bessie, un an, blanc et foie, par Count-Bang, hors de Bess, à M. J. Mehlich, à Berlin, 2ª prix.

Bess, un an trois mois, blanc et orange, par Count-Bang, hors de Bess, à M. G. Duhm, à Berlin, 2º prix.

Lady, un an trois mois, blanc et foie, par Naso II, hors de Dart, à M. W. Rosenhahn, à Stadtsulza, mention honorable.

Belle, deux ans, blanc et foie, par Kimbo, hors de Diana, à M. Luther, à Buckow, près Berlin, mention honorable.

Freya, un an trois mois, blanc et jaune, par Bang, hors de Silk, à M. Heidrich, à Nieder (Schönbrun), mention honorable.

Gretna (K. C. S. B., 11323), six ans neuf mois, blanc et foie, par Tory, hors de Jessie, à S. A. le prince de Solms-Braunfels, mention honorable.

Prix des Collections.

Lot de 5 pointers, 1er prix à S. A. le prince de Solms-Braunfels.

Young-Flounce, femelle (K. C. S. B., 11361), cinq ans, blanc et foie, par Prince, hors de Belle, éleveur M. Forbes, 1er prix Hanovre 1882, prix d'honneur.

Naso II, mâle (K. C. S. B., 8123), six ans, blanc et foie, par Naso, hors de Miranda, 2º prix.

Jessie II, femelle, deux ans un mois, blanc et foie, par Garnet, hors de Young-Jessie, mention honorable.

Mention très honorable.

Lot 6 pointers à M. A. Willmann à Schöneberg.

Solo, mâle, onze mois, blanc et foie, par Count-Bang, hors de Bess, éleveur le propriétaire.

Hᴇʀᴛʜᴀ, femelle, onze mois, blanc et foie, par Count-Bang, hors de Bess, éleveur le propriétaire.

Tom, mâle, onze mois, blanc et orange, par Count-Bang, hors de Bess, éleveur le propriétaire.

Tᴇʟʟ, mâle, onze mois, blanc et orange, par Count-Bang, hors de Bess, éleveur le propriétaire.

Prix d'Élevage.

Jᴇssʏ, pointer femelle, trois ans, blanche et foie, par Bray, hors de Lucy, à M. Paul Esch, à Berlin, avec 3 chiots par Count-Bang, 1ᵉʳ prix,

6 chiots, de deux mois (treize semaines), blancs et foie, par Count-Bang, hors de Belle (D. H. S. B., 789), à M. Luther, à Bückow, près Berlin, 2ᵉ prix.

Fʟᴏʀᴀ, femelle, quatre ans, blanc et jaune, par Naso II, hors de Sidney II, à M. Wilh Rosenhahn, à Stadtsulza, avec chiots de sept semaines par Caro.

ÉPAGNEULS ALLEMANDS
CHIENS

Mʏʟᴏʀᴅ II, deux ans, marron, par Mylord Iᵉʳ, hors de Diana, à M. Gust. Borchers, à Braunschweig, 1ᵉʳ prix *ex œquo.*

Dᴏɴ II, deux ans, marron, par Don Iᵉʳ, hors de Diana, à M. H. Bockelmann, à Aix-la-Chapelle, 1ᵉʳ prix *ex œquo.*

Kᴀʀᴏ, quatre ans, marron foncé, à M. le lieutenant Lotdmann, à Spanau, 2ᵉ prix *ex œquo.*

Dᴏɴ, huit ans, marron, par Hector, hors de Juno, à M. Clément de Fürstemberg, à Evesburg, près Nieder-Marsburg (Westphalie), 2ᵉ prix *ex œquo.*

Hᴇᴄᴛᴏʀ, un an trois mois, marron, par Mylord, hors de Nehla, à M. le capitaine Schmidt, à Münchehofe, près Halbe, 2ᵒ prix.

Bᴏɴᴄœᴜʀ, un an, marron avec blanc, à M. Mertens, à Pessin, près Paulineneau, mention honorable.

Tᴇʟʟ, trois ans, marron, à M. le lieutenant Rüdiger, à Hanovre, mention honorable.

Nimrod, cinq ans, marron avec poitrail blanc, à M. P. W. Wulff, à Friedrichsfelde, mention honorable.

Bruno, deux ans, marron, par Mylord Ier, à M. Cramer de Clausbruch, à Barum, mention honorable.

ÉPAGNEULS ALLEMANDS
CHIENNES

Bona, un an trois mois, marron avec gris, par Tell, hors de Cora, à M. Herm. Christoph, à Burgdorf, 2e prix.

Juno, trois ans, marron, à M. Gustave Borchers, à Braunschweig, mention honorable.

Diana, un an, marron, à M. Hoyer, à Gebhardshagen, mention honorable.

SETTERS ANGLAIS

Ranger II (K. C. S. B., 7168), six ans, blanc et orange, à M. de Knigge, à Beyenrode, près Königslutter, 1er prix.

Mast, trois ans et demi, blanc et noir, par Rake, hors de Kate II, à M. le comte Hardenberg, au château de Hardenberg, près Nörten, 1er prix.

Mars (D. H. S. B., 828), deux ans, blanc et noir, par Mars, hors de Princess-Irène, à M. Paul Collani, à Berlin, 2e prix.

Rake (D. H. S. B., 202), cinq ans, blanc et orange, par Gay, hors de Mabel, à M. U. Marais, à Hanovre, mention honorable.

Tam (D. H. S. B., 554), trois ans, blanc et noir, par Tam-O'Shanter, hors de Countess, à M. le capitaine Schmidt, à Münchehofe, près Halbe, mention honorable.

Rory, quatre ans, blanc et noir, à M. le comte Hohenthal, au château de Hohenpriesnitz, près Eilenburg, mention honorable.

SETTERS ANGLAIS
CHIENNES

Forelle, trois ans, blanc et noir, par Champion-Rock, hors de Dream, à M. O. Bornemann, à Hanovre, 1er prix.

Princess-Irène (D. H. S. B., 248), quatre ans, blanc et noir, par Tam-O'Shanter, hors de Rhoda, à M. U. Marais, à Hanovre, 2ᵉ prix.

Saly, quatre à cinq ans, blanc et noir, à M. Beetz, à Gross-Fahlenwerder, 2ᵉ prix.

Rose, deux ans et huit mois, blanc et orange, par Jet II, hors de Lerna, à S. A. le prince de Solms, mention honorable.

Ceres-of-Hanover, deux ans, blanc et orange, par Dash, hors de Princess, à M. le comte Hardenberg, au château de Hardenberg, près Nörten, mention honorable.

Filly (D. H. S. B., 537), trois ans, blanc et noir, par Rake, hors de Kate II, à M. le comte Hardenberg, mention honorable.

Flora, trois ans, blanc et orange, par Hector, hors de Bess, à R. Schönweller, à Berlin.

Bessie, deux ans, blanc et orange, par Mars, hors de Princess-Irène, à M. Radetzki, à Tempelhof, mention honorable.

Lady, deux ans, blanc, par Ranger II, hors d'une fille de Jock (K. C. S. B., 5043), à M. de Knigge, à Beyenrode, mention honorable.

Kate II (D. H. S. B., 234), six ans, blanc, noir et feu, par Fred III, hors de Kate, à M. le comte Hardenberg, au château de Hardenberg, mention honorable.

Bessy, neuf mois, blanc et noir, par Mars, hors de Bess, à M. Hugo Toobe, à Berlin, mention honorable.

Prix des Collections.

1ᵉʳ prix, S. A. le prince de Solms.

Tam-of-Braunfels (K. C. S. B., 11404). mâle, deux ans, blanc et noir (blue belton), par Tam-O'Shanter, hors de Daisy, à S. A. le prince de Solms, prix d'honneur.

Countess-Prim (K. C. S. B., 10180), femelle, trois ans, blanc et noir, par Count-Windham, hors de Champion-Princess, 1ᵉʳ prix.

Young-Marquis (K. C. S. B., 11414) (D. H. S. B., 518), mâle, trois ans et demi, blanc et noir, par Tam-O' Shanter, hors de La Reine, 2ᵉ prix.

Young-Blue-Prince (K. C. S. B., 11412), mâle, trois ans, blanc et noir, par Tam-O'Shanter, hors de Fussy, mention honorable.

May-Queen (K. C. S. B., 12564) (D. H. S. B., 548), femelle, trois ans, blanc et noir, par Murray, hors de Pride, mention honorable.

Daphné (K. C. S. B., 8203) (D. H. S. B., 533), femelle, blanc et noir, par Champion-Dash, hors de Duchess, mention honorable.

Mention honorable, M. le comte de Pourtalès.

Bess (K. C. S. B., 9118), femelle, trois ans, blanc et noir, par Tam-O'Shanter, hors de Rhoda, prix d'honneur.

Mars (K. C. S. B., 9087), mâle, cinq ans, blanc et noir, par Blue-Prince à Laverock, hors de Flash, mention honorable.

Bass, mâle, neuf mois, blanc et noir, par Mars, hors de Bess, mention honorable.

Fenella, femelle, deux ans, blanc et noir, par Mars, hors de Pet, mention honorable.

Prix d'Élevage.

Portée de chiots de trois mois, par Mars, hors de Bess, à M. le comte Pourtalès, 1er prix.

Sally, deux ans, blanc et orange, par Mars, hors de Bess, avec une portée de 3 chiots de six semaines, de Jacques, à M. de Zansen, à Berlin, mention honorable.

Portée de 4 chiots de trois mois, par Fred, hors de Flora, à M. R. Schönwetter, à Berlin, mention honorable.

Blanka, deux ans, blanc et orange, par Mars, hors de Bess, avec une portée de chiots de Tam-of-Braunfels, à M. E. Hewald, à Schöneberg, mention honorable.

Portée de 5 chiots de trois mois et demi, par Mars, hors de Fley III, à M. Paul Collani, à Berlin, mention honorable.

(A suivre.)

EXPOSITION CANINE DE LODI

(ITALIE)

LISTE DES RÉCOMPENSES

BRAQUES ITALIENS

Eva, à M. Ferdinand Delor, coupe d'argent offerte par le Kennel-Club italien.

Poulhac, à M. Daverio, médaille d'or offerte par le journal *la Caccia*.

Biff, à M. Betti, médaille d'argent.

Lampo, à M. le marquis Ponticelli, médaille d'argent.

Flich, à M. Salvini, mention honorable.

SETTERS

Duchess, à M. G. A. Ronchetti, coupe d'argent offerte par le Kennel-Club italien.

Dash, à M. le comte Carlo Borromeo, médaille d'or offerte par le journal *la Caccia*.

Osman, à M. Codeoloncini, médaille d'argent.

Prim, à M. Moretti, médaille d'argent.

Prix d'honneur, médaille d'or, à M. G. A. Ronchetti pour son lot de setters.

COCKERS SPANIELS

Top, à **M.** Giovanni Restelli, médaille d'or du journal *la Caccia*.

POINTERS

Bob, à M. le comte Vitaliano Borromeo, coupe d'argent du Kennel-Club italien.

Betzi, à M. Viola, médaille d'argent.

Prix d'honneur, médaille d'or, à M. le comte Vitaliano Borromeo
pour son lot de pointers.

Federant, à M. Adolfo Tschudi, mention honorable.

LÉVRIERS

Ida, à M. Flori, médaille d'argent.

CHIENS DANOIS ET DE GARDE

Fingal, à S. A. le prince E. Belgiojoso d'Este.

Sedan, à M. le marquis Stanga.

Tram, à M. Emilio Conti.

CHIENS D'APPARTEMENT

Seymour (Mops), à M. Gambini, médaille d'argent.

LIVRE D'ORIGINE (BELGIQUE)

(Suite.)

45. Peach, à M. A. Van Bevere, Bruxelles. Él. M. Samuel Edwards,
Kennel-Park (Angleterre). Née en mai 1879, blanche et
brune, origine inconnue. 4° prix Bruxelles 1880.

46. Plume, à M. Alb. Bertrand, Liège. Él. M. Dodemont, Huy.
Née le 22 avril 1877, blanche et brune, par Grouse
(M. H. Bruxelles 1880), à M. H. Orban, par Bravo Ier, à
M. Eyben, hors de Vénus, à M. H. Orban. Vénus, par
Pero, au major Stapylton, hors de Vénus, à M. Hills. Pero,
par Duke, à M. H. Heneage, hors de Windfield, par Bess.
Duke, par Ranger, 1er prix Islington. — Hors de Bill, à
M. Dodemont. Bill, par Pitt, à M. Fléchet, hors de Belle,
au baron J. del Marmol. Pitt, par Sultan, à M. P. Grosfils.
Belle, par Hector, à M. Ad. Zurhelle, hors de Diane. Hector,

par Lord, à M. Schilling, hors de Lady, à M. Gérard. Diane,
par Pan, hors de Bellona.

47. SYLVA, à M. D. J. Pr, Brants, Heerenveen (Hollande). Él. le
propriétaire. Née le 15 octobre 1881, blanche tachetée de
jaune orange, par Shot (D. H. S. B., 780), hors de Juno,
à M. Brants. Médaille de bronze Utrecht 1881.

48. YOUNG-VÉNUS (D. H. S. B., 1141), à M. A. Richard, Arlon ;
antérieurement à S. A. S. le prince Alb. de Solms-Braunfels. Él. S. A. S. le prince Alb. de Solms. Née en 1880,
blanche et brun marron, par Naso II (K. C. S. B., 8123)
(D. H. S. B., 440), hors de Vénus-of-Braunfels (K. C. S. B.,
11359) (D. H. S. B., 490). 2e *prix* Hanovre 1882, 3e *prix* Spa
1882.

CHIENS D'ARRÊT A POILS RAS DE RACE ALLEMANDE
(GLATTHAARIGE HUEHNERHUNDE)

49. TREFF (D. H. S. B., 1010), à M. *le capitaine Schmidt, Mun-*
chehofe, près Halbe (Prusse). Él. M. Rossbach, Kahla (Saxe).
Né le 25 mars 1881, brun, par Boncœur (D. H. S. B., 688),
hors de Sally, sœur de Cora (D. H. S. B., 700). Prix (en
portée) Clèves 1881, 1er prix *Epreuves du Nimrod Silésie*
1882, 1er prix Schoeneberg 1882.

CHIENS D'ARRÊT A POILS RAS DE RACE FRANÇAISE
(Chiens dits de Saint-Germain.)

50. LADY, à M. Léon Prion-Varlet. Él. M. Geoffroy Saint-Hilaire,
Paris. Née en 1879, blanche et orange, par Bloss, hors de
Duchesse, du Jardin d'acclimatation du Bois de Boulogne,
Paris. 2e prix Spa 1882.

CHIENS D'ARRÊT A POILS RAS
braques du pays de race pure.

51. TELL, à M. L. Reuleaux, Liége. Né en 1878, brun moucheté
sur fond gris, origine inconnue. 2o *prix* Bruxelles 1880,
2o prix Spa 1882.

52. Folette, à M. H. Caboulet, Bruxelles. Née en 1872, blanche et brune, origine inconnue. 1er prix Spa 1882.

SETTERS ANGLAIS (ENGLISH SETTERS)

53. Bob, à M. Al. Van Bevere, Bruxelles. Él. M. Marshall, Carlisle, (Écosse). Né en 1877, blanc et brun, par Major, au capitaine Thompson, hors de Dora, à M. Maxwell. 1er prix Haarlem 1880.

54. Bruce II, à M. Ern. Visart, Saint-André-les-Bruges. Él. le propriétaire. Né en janvier 1881, blanc et orange, par Rival (K. C. S. B., 8189), hors de Diane, par Bruce (K. C. S. B., 7143), hors de Blanche II (K. C. S. B., 10174).

55. Jock, à M. J. Leembruggen, Amsterdam. Él. le propriétaire. Né en août 1876, blanc et orange, par Jock (K. C. S B., 5043) à M. Lort. Hors de Nun, par Rollick (K. C. S. B., 5053). M. H. Haarlem 1880. 2e prix Exposition nationale, la Haye 1882, 1er prix Diane, Epreuves nationales Zandwoort 1882.

56. Robin-Hood Ier (K. C. S. B., 11395), à M. le baron Alp. de Rosen, Tongres, antérieurement à S. A. S. le prince Alb. de Solms. Él. M. Salter (Angleterre). Né en 1880, blue belton, par Tam-O'Shanter (K. C. S. B., 6118), hors de Countess, par Rob-Roy (K. C. S. B., 1417). 1er prix Épreuves de Berlin 1882, 2e prix Épreuves Liegnitz (Silésie) 1882.

57. Robin-Hood II (D. H. S. B., 1156), à M. Gérard J. Vandervliet, Duinzicht Overveen (Hollande). Él. S. A. S. le prince Alb. de Solms. Né le 6 juin 1882, blanc moucheté de noir (blue bellon), par Robin-Hood Ier (56) (K. C. S. B., 11395), hors de Queen (D. H. S. B., 551).

58. Rock, à S. A. S. le prince Alb. de Solms-Braunfels. Él. M. White (Angleterre). Né en mai 1880, noir et feu, par Tip, à M. White. par Champion-Rock (K. C. S. B., 4280, hors de Rhoda. Hors de Jessie, à M. White, par Grouse (K. C. S. B., 1597, hors de Daisy. 3e prix Épreuves d'Othée 1882.

59. Rock II, à M. J. de Hemptinne, Gand. Él. M. le baron Al. Van Loo, Gand. Né le 15 avril 1882, blanc et orange, par Rival

(K. C. S. B., 8189), hors de Bessie-Sykes. 2ᵉ prix Bruxelles 1880, mention très honorable Spa 1882.

60. Tom, à M. Al. Van Bevere, Bruxelles. Él. M. Dickinson, Carlisle (Écosse). Né en 1879, blanc et brun, par Bill, à lord Carlisle, hors de Flosh, à M. C. Dickinson. 2ᵒ prix Haarlem 1880.

61. Stretto (D. H. S. B., 215), à M. Al. Jabon, Limont-Remicourt, antérieurement à S. A. S. le prince Alb. de Solms. Él. M. Guillaume, Cologne. Né en octobre 1878, blanc moucheté avec grandes taches noires, tête noire, par Ranger III (K. C. S. B., 7169), hors de Nelly, à M. Guillaume, Cologne. 2ᵒ prix Elberfield 1880.

62. Tam-of-Braunfels (K. C. S. B., 11404) (D. H. S. B., 1163), à S. A. S. le prince Alb. de Solms-Braunfels. Él. M. James (Angleterre). Né en avril 1881, blue belton, par Tam-O'Shanter (K. C. S. B., 6118), hors de Daisy (K. C. S. B., 6130). 4ᵒ prix Epreuves de Shrewsbury 1882, 2ᵒ prix Spa 1882, 1ᵉʳ prix Épreuves Cologne 1883, 1ᵉʳ prix Epreuves Berlin 1883.

63. Young-Blue-Prince (K. C. S. B., 11412) (D. H. S. B., 216), à S. A. S. le prince Alb. de Solms-Braunfels. Él. M. F. T. Staples-Browne, Brasfield House, Bicester. Né le 1ᵉʳ août 1879, blanc marqué de noir, par Tam-O'Shanter (K. C. S. B., 6118), hors de Fussy (K. C. S. B., 7203). 2ᵉ prix Hanovre 1882, prix d'honneur et 1ᵉʳ prix Spa 1882.

64. Young-Marquis (K. C. S. B., 11414) (D. H. S. B., 518), à S. A. S. le prince Alb. de Solms-Braunfels. Él. M. H. F. Grant, Bank House, Newport (Ile de Wight). Né en août 1879, blue belton, par Tam-O'Shanter (K. C. S. B., 6118), hors de La Reine (K. C. S. B., 6138). 1ᵉʳ prix Utrecht 1881, 2ᵒ prix Clèves 1881, 3ᵒ prix Spa 1882.

65. Young-Rake, à M. F. Michaux, Huy. Él. S. A. S. le prince Alb. de Solms. Né le 12 janvier 1881, blanc marqué de noir, par Rake (K. C. S. B., 9097), hors de Daphné (K. C. S. B., 8203).

66. WHISKY, à M. D. J. R. Brants, Heerenveen (Pays-Bas). Él.
M. Clément, Wildfowler (Angleterre). Né en 1879, blanc et
jaune, par Pride-of-the-Border (K. C. S. B., 4275), hors de
Juno, à M. Jone. 3° prix Exposition nationale la Haye 1882.

67. BLANCHE, à M. L. Lenoir, Lessines (Hainaut). Él. M. W. Mount,
Canterbury (Angleterre). Née le 5 juin 1882, blanche, tête
orange, par Count-Phantom (K. C. S. B., 11370), hors de
Rose-Blossom (K. C. S. B., 11458).

68. BLANCHE II, à M. Er. Visart de Bocarmé, Saint-André-les-
Bruges. Él. le propriétaire. Née en janvier 1881, blanche et
orange, par Rival (K. C. S. B., 8189), hors de Diane, par
Bruce (K. C. S. B., 7143), hors de Blanche (K. C. S. B.,
10174).

69. BLANCHETTE, à M. de Patoul-Fieuru, Mons. Él. M. Tondreau-
Loiseau, Péruwelz (Hainaut). Née en mai 1879, blanche et
oreilles feu, par Bruce (K. C. S. B., 7143), hors de Blanche
(K. C. S. B., 10174).

70. COUNTESS-PRIM (K. C. S. B., 10180), à S. A. S. le prince
Alb. de Solms-Braunfels. Él. M. Purcell Llewellin, South
Ormsby Hall, Alford (Angleterre). Née le 21 mai 1880,
blanche et noire, par Count-Wind'em (K. C. S. B., 8169),
hors de Princess (K. C. S. B., 5081), 2° prix Spa 1882.

71. DAPHNÉ (K. C. S. B., 8203) (D. H. S. B., 533), à S. A. S. le
prince Alb. de Solms-Braunfels. Él. M. G. Brewis, Chester-
ford Park, Saffron Walden, Essex (Angleterre). Née en mars
1878, blanche tachetée de noir (blue belton), par Champion-
Dash II (K. C. S. B., 5039), hors de Duchess, à M. Brewis,
par Dash (K. C. S. B., 1342), hors de Queenïe. 1er prix
Berlin 1880, 2° prix Elberfeld 1880, prix d'honneur, prix
extra et 1er prix Clèves 1881, 1er prix Spa 1882.

72. DIANE, à M. Ern. Visart de Bocarmé, Saint-André-les-Bruges.
Él. M. Tondreau-Loiseau, Péruwelz (Hainaut). Née en mai
1879, blanche et orange, par Bruce (K. C. S. B., 7143), hors
de Blanche (K. C. S. B., 10174).

73. FLORA, à M. P. Califice, Spa. Él. M. U. Marais (Hanovre). Née

T. II.   16

le 16 juillet 1882, blue belton, tête noire, par Count (D. H.
S. B., 513), hors de Princess-Irène (D. H. S. B., 248) par
Tam-O'Shanter (K. C. S. B., 6118), hors de Rhoda (K. C.
S. B., 1547).

74. GROUSE (D. H. S. B., 1175), à M. G. Vander Vliet, Overveen,
près Haarlem (Hollande). Él. le propriétaire. Née le 23 mai
1882, blanche à taches noires et petites taches feu, par
David (K. C. S. B., 9073), hors de Gytha (D. H. S. B , 846).

75. GYTHA (D. H. S. B., 846), à M. Vander Vliet, Overveen, près
Haarlem (Hollande). Él. le capitaine Walton, Rawlenstall,
Manchester (Angleterre). Née le 27 juillet 1879, blanche,
oreilles tachées orange, par Ned, au major Ir land, par
Blue-Prince (K. C. S. B., 4275), hors de Madge (K. C. S. B.,
9144), hors de Doll (K. C. S. B., 7193).

76. HELENA, à M. le baron Em. de Cartier, Bruxelles. Él. le comte
de Pourtalés, Neuhenhagen, près Berlin. Née le 7 avril
1881, noire et blanche, légèrement truitée, par Mars (K. C.
S. B., 9087), hors de Bess (K. C. S. B., 9118) (D. H. S. B.,
219).

77. MEG, à M. le comte J. de Hemptinne, Gand. Él. M. le baron
Alb. van Loo, Gand. Née le 15 avril 1882, blanche et orange,
par Rival (K. C. S. B., 8189), hors de Bessie-Sykes, 2° prix
Bruxelles 1881, mention très honorable Spa 1882.

78. PRINCESSE-IRÈNE (D. H. S. B., 248), à M. U. Marais (Hanovre).
Él. M. G. Lowe, old Ford Manor House, Hadley, Barnet,
Herts (Angleterre). Née en 1879, blanche et noire, par Tam-
O'Shanter (K. C. S. B., 6118), hors de Rhoda (K. C. S. B.,
1647), 3° prix Spa 1882.

79. PRET III, à M. Boulanger, Caulaincourt, Aisne (France). Él.
M. Tondreau-Loiseau, Péruwelz (Hainaut). Née en mars
1880, blanche et orange, par Général-Monck (K. C. S. B.,
10147), hors de Prett II, à M. Paul Gaillard, par Dick, à
M. Paul Caillard, hors de Prett, au même. — Prett, par
Ben, à M. W. Rose, hors de Nellie (K. C. S. B., 1533).

80. QUEEN, à M. Al. Jabon, Limont, Remicourt (Liége). Él.

S. A. S. le prince Alb. de Solms. Née le 6 juin 1882, blanche,
mouchetée de noir, marquée de feu aux oreilles et aux
pattes, par Robin-Hood (K. C. S. B., 11395), hors de Queen
(D. H. S. B., 551).

81. RUM-GRANGER, à M. J. Dodemont, Huy. Él. S. A. S. le prince
Alb. de Solms. Née le 18 septembre 1881, blanche, oreilles
noires et mouchetée de noir, par Young-Marquis (K. C.
S. B., 11414), hors de Rum (D. H. S. B., 249).

SETTERS NOIRS ET FEU (BLACK AND TAN SETTERS)

Setters gordon.

82. BISHOP (K. C. S. B., t. X) (D. H. S. B., 1186), à S. A. S. le
prince Alb. de Solms-Braunfels. Él. M. Parson, 32, East-
Street, Taunton (Angleterre). Né en 1880, noir et feu, par
Chambion-Bob (K. C. S. B., 8230), hors de Bangle, par
Duke (K. C. S. B., 1592), hors de Moll (K. C. S. B., 7249).
1er prix Alexandra Palace 1882, 1er prix Spa 1882.

83. DONALD (K. C. S. B., 11476) (D. H. S. B., 557), à S. A. S. le
prince Alb. de Solms-Braunfels. Él. M. W. Allison, Kil-
vington, Thirsk, Yorks. Né en mars 1878, noir et feu, par
Ronald (K. C. S. B., 6159), hors de Ruth, par Young-
Reuben, hors de Mona (K. C. S. B., 4321). Prix d'honneur
Berlin 1880, 1er prix Bruxelles 1880, 2e prix Clèves 1881,
3e prix Spa 1882.

84. DUKE, à M. Aug. Richard, Arlon. Él. S. A. S. le prince Alb. de
Solms. Né le 24 mai 1882, noir et feu, par Donald (K. C.
S. B., 11476), hors de Duchess V (K. C. S. B., 11503).

85. PICK, à M. Godf. Simonis, Salzinnes-les-Namur. El. M. Michaux,
Huy. Né le 31 mars 1880, noir et feu, tache blanche à la
poitrine, par Duc, à M. Roberti, par Rock (K. C. S. B.,
5103), hors de Bell, à M. Paul Caillard. Hors de Rhine,
ex-Ruby, par Rock (K. C. S. B., 5103), hors de Nellie (K. C.
S. B., 10282), à M. Paul Caillard. Mention très honorable
Spa 1882.

86. Rex III (D. H. S. B., 871), à M. le baron Albert van Loo, Gand. Él. M. Salter, Tolleshunt d'Arcy, Kelvedon, Essex (Angleterre. Né en 1876, noir et feu, par Rex II (K. C. S. B., 5011), hors de Duchess (K. C. S. B., 6168). 1er prix Haarlem 1880, 2e prix Bruxelles 1880, 1er prix Clèves 1881.

87. Rock, à M. J. David, Liège. Él. M. Paul Caillard, Belair, Loir-et-Cher (France). Né le 22 mai 1878, noir et feu, par Rock (K. C. S. B., 5103), hors de Nellie (K. C. S. B., 10282).

88. Cora, à M. Fr. Corneli, Saint-Gerlach, près Maestricht. Él. M. Bossuyt, Liège. Née en janvier 1882, noire et feu, par Black, 2e prix Haarlem 1880, 1er prix Utrecht 1881, hors de Rosa, mention honorable Utrecht 1881.

89. Fairy, à S. A. S. le prince Alb. de Solms-Braunfels. Él. M. Parson, East Street, Taunton (Angleterre). Née en 1881, noire et feu, par Champion-Marquis (K. C. S. B., 8236), hors de Bangle, par Champion-Duke (K. C. S. B., 1592), hors de Moll (K. C. S. B., 7249). 3e prix Spa 1882.

90. Jessie (K. C. S. B., 8248), à M. Fréchon, Arras (France). Él. M. Parson, East-Street, Taunton (Angleterre). Née en mai 1877, noire et feu, par Lang (K. C. S. B., 1061), hors de Floss (K. C. S. B., 4319). 2e prix Birmingham 1878, 2e prix Crystal Palace 1878, 3e prix Alexandra Palace 1878, 2e prix Birmingham 1879, 3e prix Alexandra Palace 1879, 2e prix Spa 1882.

91. Lilly, à M. L. Le Blon, Lessines (Hainaut). Él. M. Josson, Raincy, Seine-et-Oise (France). Née le 28 février 1880, noire et feu, par Ranger, 1er prix Paris 1881, par Champion-Blossom (K. C. S. B., 6090, hors de Nell (K. C. S. B., 7252). Hors de Miss, par Rex, à M. Tondreau-Loiseau, hors de Rhoda, à M. Paul Caillard. — Rex, par Rex (K. C. S. B., 1617), hors de X..., sœur de Hop, à M. F. Pearce. — Rhoda, par Rupert (K. C. S. B., 4315), hors de Rispach. Mention très honorable Spa 1882.

92. Nellie, à M. G. Godfrey, Courtray. Él. M. Anthony Titley, Junior, Leeds (Angleterre). Née en juin 1880, noire et feu,

par Don, par Flash, hors de Belle. — Flash, par Champion-
Reuben (K. C. S. B., 1615), hors de Nell. Hors de Moll, par
Bounce (K. C. S. B., 6150), hors de Belle, ci-dessus. 1er prix
Spa 1882.

SETTERS IRLANDHIS (IRISH SETTERS)

·93. Dot (K. C. S. B., 10299) (D. H. S. B., 896), à M. le baron Max
Taets von Amerongen. Él. M. Salter, Tolleshunt d'Arcy,
Kelvedon, Essex (Angleterre). Née le 23 janvier 1879, rouge,
par Whisper (K. C. S. B., 8280), hors de Sapho (K. C. S. B.,
8292). 1er prix Margate 1880, 1er prix Bury Saint-Edmunds
1880, 1er prix Clèves 1881, 2e prix Hanovre 1882, 3e prix
Spa 1882.

94. Parmesan, à M. le baron Al. van Loo, Gand. Él. M. Salter,
Tolleshunt d'Arcy, Kelvedon, Essex (Angleterre). Né en 1877,
rouge acajou, par Champion-Palmerston (K. C. S. B., 5138),
hors de Champion-Cora (K. C. S. B., 5149). 1er prix Waterloo, coupe de Champion Waterloo, 1er prix Edimbourg,
1er prix Harrowgate, 1er prix Winterton, 1er prix Bramley,
1er prix Darlington, Médaille d'or, classe des Champions
Haarlem. 2e prix Spa 1882.

85. Shamrock, à M. le baron Em. de Cartier, Bruxelles. Él. M. le
baron Taets von Amerongen. Né le 22 février 1882, rouge
acajou, par Boy (D. H. S. B., 293), hors de Cora (D. H. S. B.,
599).

96. Tom (D. H. S. B., 901), à M. le comte de Beauffort, Bruxelles.
Él. le propriétaire. Né en 1874, brun rouge, par Dan, prix
d'honneur Paris 1873, par Bob (K. C. S. B., 1700), hors de
Lilly, hors de Stella. Mention honorable 1875, 2e prix Clèves
1881, 1er Prix Spa 1882.

98. Belle, à M. de Foullon, Bruxelles. Él. le propriétaire. Née le
16 mai 1882, rouge, marque blanche à la poitrine, par Tom
(96), hors de Sheelah (K. C. S. B., 9208).

98. Dora, à M. le baron A. Van Loo, Gand. Él. M. David, d'Anvers.
Née en 1878, rouge, par Stop, à M. Stewart, hors de Baby-

Caren. 2° prix Rotterdam 1879, 1er prix de Puppies Rotterdam 1878, 2° prix Haarlem 1880, 2° prix Spa 1882.

99. IRÈNE .K. C. S. B., 10326), à M. H. Otto de Menlock, Louvain. Él. M. Tondreau-Loiseau, Péruwelz (Hainaut). Née le 12 août 1880, rouge, par Bob II (K. C. S. B., 10293), hors de Quail (K. C. S. B., 8290).

100. NELLY. à M. Al. Degive, Anvers. Él. le propriétaire. Née le 1er septembre 1879, rouge acajou, avec quelques poils blancs à la poitrine, par Stop, 2° prix Rotterdam 1879, 2° prix Haarlem 1880, mention honorable Bruxelles 1880, à M. le colonel David, Anvers, hors de Baby-Caren, 2° prix Rotterdam 1879, 3° prix Bruxelles 1880, sous le nom de Belle à M. V. Grenade, Polleur, Liège, mention honorable Bruxelles 1880, 3° prix Spa 1882.

101. NELLY II, à M. M. Braconnier, Liège. Él. M. U. Marais, Hanovre. Née en 1881, rouge, par Bob (D. H. S. B., 292), hors de Coquette (D. H. S. B., 597).

102. NORA, à M. le baron Em. de Cartier, Bruxelles. Él. baron Taets von Amerongen. Née le 6 avril 1882, rouge acajou, par Whisper (K. C. S. B., 8280), hors de Dona par Joe (D. H. S. B. 299), hors de Lady (D. H. S. B., 311).

103. QUAIL II (K. C. S. B., 10338) (D. H. S. B., 911), à M. le baron M. Taets von Amerongen, Bessungen. Eleveur M. C. E. Cecil (Angleterre). Née en juin 1880, rouge avec un peu de blanc à la poitrine, par Duff, par Champion-Palmerston (K C. S. B., 5138), hors de Quail, hors de Sheelah K. C. S. B., 6229, 2° prix Bristol 1880, 2° prix Plymouth 1880, 1er prix Clèves 1881, 1er prix Hanovre 1882, 1er prix Spa 1882.

104. SHEELAH (K. C. S. B., 9208), à M. Charles de Foullon, Bruxelles. Él. M. H. Knight (Angleterre). Née le 1er mai 1878, rouge, un pied blanc et un peu de blanc à la poitrine, par Shot, à M. Reidy, hors de Gyp, à M. Knight, 2° prix Shifnal 1879, 2° prix Kendall 1880, 2° prix Bruxelles 1880.

CHIENS D'ARRÊT A LONGS POILS

Épagneuls de race allemande.

105. Don III, à M. H. Bockelman, Aix-la-Chapelle. Él. le propriétaire. Né en avril 1881, brun marron, par Don I (D. H. S. B.,
692). hors de Diane (H. H. S. B., 701), 2e prix Spa 1882.

Épagneuls du pays.

106. Miss, à M. Félix de Ridder, Louvain. Él. le propr étaire. Née
en 1878, gris vineux, origine inconnue, 2e prix Spa 1882.

CHIENS D'ARRÊT A POILS RUDES

Griffons à poils durs.

107. Chasseur-Moustache, à M. E. Korthals, Biebesheim (Grand-
duché de Hesse). Ne en décembre 1881, gris et brun marron, par Moustache II, à M. Korthals, hors de Clairette,
prix d'honneur en partage (hors concours) Spa 1882.

108. Médoc, à M. le baron Em. Coppens, Bruxelles. Él. M. Korthals, Biebesheim. Né le 31 décembre 1881, brun marron,
par Moustache I, à M. Korthals, hors de Zampa, à M. Korthals. Zampa, par Satan, 1er prix Utrecht 1875. 2e prix
La Haye 1876, hors d'Angot, par Hector, hors de Mouche.
Prix d'honneur en partage (hors concours) Spa 1882.

109. Moustache I, à M. E. Korthals, Biebesheim (Grand-duché de
Hesse). Né en 1877, gris et brun marron, par Banco, 1er prix
Utrecht 1875, 2e prix La Haye 1876, 1er prix Amsterdam 1877,
hors de Trouvée, par Huzaar, hors de Juno. Huzaar, par
Janus, hors de Mouche, 2e prix Hanovre 1879. 1er prix Rotterdam 1879, 1er prix Berlin 1880, 1er prix Elberfeld 1880,
prix d'honneur en partage (hors concours) Spa 1882.

110. Moustache II, à M. E. Korthals, Biebesheim (Grand-duché
de Hesse). Él. le propriétaire. Né en 1880, gris et brun
marron, par Moustache I, à M. Korthals, hors de Zampa, à
M. Korthals, prix d'honneur en partage (hors concours)
Spa 1882.

111. Tom, à M. Steinike, Roubaix, Nord (France). Él. M. G. van der Elst, Bruxelles. Né en décembre 1880, blanc mélangé de taches marron, par Moustache, 3e prix Bruxelles 1880, à M. van der Elst, hors de X, à M. de Garcia de la Véga, mention honorable Spa 1882.

112. Barbette, à M. E. Korthals, Biebesheim (grand-duché de Hesse). Él. le propriétaire. Née en décembre 1881, grise, brun marron, par Moustache II, à M. Korthals, hors de Clairette, prix d'honneur en partage (hors concours) Spa 1882.

113. Quérida, à M. le baron Em. Coppens, Bruxelles, antérieurement à M. E. Korthals. Él. M. Korthals. Née en 1877, grise, brun marron, par Banco, 1er prix Utrecht 1875, 2° prix La Haye 1876, 1er prix Amsterdam 1877, à M. Korthals, hors de Trouvée, à M. Korthals, par Huzaar, hors de Juno. Huzaard, par Janus, hors de Mouche, mention honorable Francfort 1878, 2° prix Arnhem 1878, 2° prix Hanovre 1879, 1er prix Rotterdam 1879, prix d'honneur en partage (hors concours) Spa 1882.

CHIENS D'ARRÊT

Griffons à longs poils, Barbets.

114. Max, à M. Félix de Ridder, Louvain. Él. le propriétaire. Né en 1881, blanc et jaune, origine inconnue, 2° prix Spa 1882.

115. Tom, à M. le baron Em. Coppens, Bruxelles. Né en 1878, brun et blanc, origine inconnue, 1er prix Spa 1882.

RETRIEVERS

116. Nell, à M. le baron H. van Havre, Anvers. Él. M. Herbert Briddon, Matlock, Derbyshire (Angleterre). Née vers 1875, zain noire, origine inconnue, 1er prix Spa 1882.

ÉPAGNEULS DE PETITE TAILLE (COCKER-SPANIELS)

117. Bon, à M. le marquis de Croix, Steenockerzeel (Brabant). Né vers 1878, blanc et orange, origine inconnue, 2° prix Spa 1882.

INSCRIPTIONS AU STUD BOOK CONTINENTAL

Novembre 1883

—

2285. BYWELL (K. C. S. B., 8106), pointer mâle, blanc et citron, à
M. Paul Caillard, château des Bordes, par Lallye (Loiret).

Pedigree. BYWELL, né le 22 février 1878, éleveur M. W.
Waddington, acheté à M. G. Booth, à Haslingden (Lan-
cashire), par Byron (K. C. S. B., 7073), hors de Stella. —
Stella, par Sultan, hors de Nell.

2286. RUBY (K. C. S. B., 6091), femelle, blanc et foie, à M. Paul
Caillard, château des Bordes, par Lallye (Loiret).

Pedigree. RUBY, née en mai 1876, chez M. H. Kemble,
Overtown (Swindon), achetée à M. W. Vellacott Richard,
West of England Bank (Barnstople), par Bang (K. C. S.
B., 739), hors de Fickle (K. C. S. B., 7111).

2287. GRAND-DUC, gordon setter mâle (K. C. S. B., 13855, t. XI),
noir et feu, sans blanc, à M. Émilien Lasbordes, à Castres (Tarn). ·

Pedigree. GRAND-DUC, né le 8 septembre 1882, par Mac
(K. C. S. B., 13465), hors de Nell. — Mac, par Ranger,
hors de Miss. — Nell, par Rex, hors de Daisy.

2288. RALPH, setter gordon mâle, noir et feu, à M. William Picard,
château de Famelette, à Huccorgne, près Huy (Belgique).

Pedigree. RALPH, né le 5 novembre 1882, chez M. Vemyts,
à Colchester (Angleterre), par Marmaduke (K. C. S. B.,
11484), hors de Madame (K. C. S. B., 12178). — Marmaduke, par Prince-Charlie (K. C. S. B., 10255), hors de
Rose II (K. C. S. B., 10288). — Madame, par Ronald (K. C.
S. B., 4159), hors de Die. — Prince-Charlie, par Jack, hors
de Queenie (K. C. S. B., 5099). — Rose II, par Monarch,

(K. C. S. B., 5099), hors de Daisy (K. C. S. B., 4316). —
Ronald, par Lang (K. C. S. B., 1601), hors de Norah. —
Die, par Reuben, hors de Sister-to-Rutt.

2289. RIVAL, chien griffon d'arrêt français, marron, mélangé de
poils gris blanc, à M. Emmanuel Boulet, 34, rue Royale,
à Elbeuf (Seine-Inférieure).

Pedigree. RIVAL, né le 20 août, chez M. Bar, à Mont-
fort-l'Amaury, par Fédor (S. B. C., 892, tome 1), médaille
d'or et 1er prix Paris 1881, rappel de 1er prix Paris 1882 et
1883, hors de Martha, à M. Bar. — Fédor, né chez M. le
baron de l'Epine (Nord), qui possède cette race depuis
longtemps.

2290. MOUSTACHE, chienne griffonne d'arrêt française, marron et
blanc, à M. Emmanuel Boulet, 34, rue Royale, à Elbeuf
(Seine-Inférieure).

Pedigree. MOUSTACHE, née le 10 juin 1883, chez
M. Joasse Liegrois, à Formerie (Oise), par Marco (S. B.
C., 2076), 1er prix Paris 1882, hors de Flore II, griffonne
d'arrêt. — Marco, par Diavolo, hors de Diane II. —
Flore II, par Phanor, à M. Duvivier, hors de Flore, à
M. Toupiole. — Diavolo, par Stop, hors de Diane. —
Diane II, par Régent, hors de Belle.

2291. PIOUPIOU, chien griffon d'arrêt français, marron et blanc, à
M. Emmanuel Boulet, 34, rue Royale, à Elbeuf (Seine-
Inférieure).

Pedigree. PIOUPIOU, né le 10 juin 1883, chez M. Joasse
Liegrois, à Formerie (Oise), frère du précédent, même
portée.

2292. DIANE III, chienne griffonne d'arrêt française, marron,
quelques poils blancs, à M. Emmanuel Boulet, 34, rue
Royale, à Elbeuf (Seine-Inférieure).

Pedigree. DIANE III, née le 6 octobre 1883, chez le propriétaire, par Marco (S. B. C., 2076), 1er prix Paris 1882,
1re mention Spa 1882, rappel de 1er prix Paris 1883, hors

de Myra (S. B. C., 2077), 1er prix Paris 1882, rappel 1er prix Paris 1883. — Marco, par Diavolo, hors de Diane II. — Myra, par Diavolo, hors de Diane II. — Diavolo, par Stop, hors de Diane. — Diane II, par Régent, hors de Belle.

2293. Polka II, chienne griffonne d'arrêt française, marron, quelques poils blanc, à M. Emmanel Boulet, 34, rue Royale, à Elbeuf (Seine-Inférieure).

Pedigree. Polka II, née le 6 octobre 1883, chez le propriétaire, même portée et même origine.

2294. Frisette, chienne griffonne d'arrêt française, marron, quelques poils blancs, à M. Emmanuel Boulet, 34, rue Royale, à Elbeuf (Seine-Inférieure). Même pedigree que Polka II.

2295. Barbiche, chienne griffonne d'arrêt française, marron, quelques poils blanc, à M. Emmanuel Boulet, 34, rue Royale, à Elbeuf (Seine-Inférieure). Même pedigree que Polka II.

MALADIES DES CHIENS

MÉDICAMENTS SPÉCIAUX

DE

E. DAUTREVILLE

Pharmacien de l'École vétérinaire d'Alfort.

PARIS — 34, RUE SAINT-PAUL, 34 — PARIS

ALIMENTATION NOUVELLE DES CHIENS

Biscuits français au sang de bœuf désséché, aliment commode, complet, économique et rationnel.

Les *Biscuits français se conservent indéfiniment à l'abri de l'humidité.* Ils sont expédiés en sacs de toile contre mandat ou bon de poste. Le port est à la charge du destinataire.

Prix : le kilog, 50 centimes. — Par 25 kilogs, 48 cent. le kilog, soit 12 fr. — Par 50 kilogs, 45 cent. le kilog, soit 22 fr. 50. — Par 100 kilogs, 44 cent. le kilog, soit 44 fr.

Poudre purgative, 50 cent. — Purgatif certain composé de différentes substances qui agissent sur toutes les parties du tube digestif. Excellent préventif, franco.

Poudre vermifuge (Vers ronds), 1 fr. — Contre tous les vers de forme cylindrique, franco.

Poudre vermifuge (Vers plats), 2 fr. — Spéciale contre le Ténia ou ver solitaire, franco.

Élixir tonique (contre la maladie des jeunes chiens), le flacon 1 fr. 60, le litre 5 fr. — Composé des médicaments qui ont donné les meilleurs résultats à l'École vétérinaire d'Alfort, pour combattre la maladie si commune des jeunes chiens.

Poudre pectorale (contre la toux), 1 fr. — Calme la toux et débarasse les poumons des mucosités, franco.

Pommade saponacée de Villate, 3 fr. — Guérit toutes les affections de la peau, démangeaisons dartreuses, galeuses, roux vieux, etc.

Liqueur cicatrisante de Villate, 3 fr. — Contre les affections catarrhales des oreilles des chiens, les chancres et toutes les plaies.

Pilules de Villate, 3 fr. — Dépuratives, fondantes, purgatives, franco.

Biscuits vermifuges, la boîte de 2, 1 fr., franco.

Capsules de Kamala (contre le ver solitaire), le flacon 2 fr.

Chaque médicament est accompagné d'une petite brochure explicative. Pour les demandes, envoyer un mandat-poste : plus 85 cent. pour bénificier de l'envoi par colis postal, pour les produits non expédiés franco.

TABLE

————

STUD BOOK CONTINENTAL DES RACES CANINES

(Tome II)

DOGUES ALLEMANDS

ÉLEVAGE DES PURS DOGUES ALLEMANDS

(Ces chiens s'appelaient autrefois chiens d'Ulm ou grands danois)

de M. Ed. Messter, 11-13, Nusbaum Allée Westend,
près Berlin (Allemagne).

Le propriétaire et éleveur a obtenu la grande médaille d'or donnée par le gouvernement, Berlin, 1880. Hanovre, 1879, 1er prix. Berlin, 1878, prix d'honneur. Elberfeld, 1880, prix d'honneur. Hanovre, 1882, 1er prix. Londres, 1881, 2e prix. Zurich, 1881, médaille d'or, etc.

GRILLAGES MÉCANIQUES

GALVANISÉS

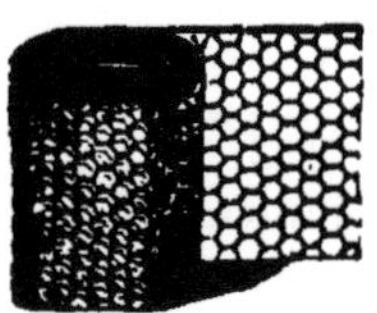

E. BEUZELIN

86, rue Saint-Lazare, Paris

CHENILS ET TOUTES CONSTRUCTIONS

en Serrurerie d'art

CLÔTURES DE CHASSES EN GRILLAGES DEPUIS 42 CENTIMES

Envoi franco de l'Album sur demande.

STUD BOOK CONTINENTAL & LIVRE D'ORIGINE BELGE

Anglais (chiens courants).

Artois et Normands (chiens courants français).

CHENIL WOLFSMÜLE

A BRAUNFELS (PRUSSE RHÉNANE)

Propriété de Son Altesse le Prince Albert de Solms-Braunfels.

Le domaine de Wolfsmühle, où S. A. le prince Albrecht de Solms Braunfels a installé son chenil, se trouve dans la vallée du Lahn, à cinq minutes de la station de Braunfels, ligne du chemin de fer de Coblentz à Wetzlar, à deux heures d'Ems et de Francfort.

Le choix des chiens fait parmi toutes les meilleures races anglaises place le chenil du prince à la tête de tous ceux du continent. Tous les jeunes chiens sont envoyés en dressage : Une chasse à Biebesheim, grand-duché de Hesse et dirigée par M. Anstey, permet aux amateurs d'essayer les sujets sur le terrain même. Une seconde chasse se trouve à Gimbsheim, près de Guntersblum.

Le chenil de Wolfsmühle a donc toujours de jeunes chiens de deux à trois mois à vendre ; de plus quelques chiens tout dressés de un à deux ans ; il reçoit aussi les lices pour les faire couvrir par les étalons qu'il possède et dont nous donnons la liste plus loin.

Toutes les lettres et télégrammes doivent être adressés à M. L. Adam, régisseur du domaine de Wolfsmühle, à Braunfels. sur Lahn, Prusse rhénane.

POINTERS MALES.

Naso II, blanc et foie (K. C. S. B., 8123; D. S. H. B., 440; L. O. B., 27). par Naso, à M. Lort, hors de Miranda II, élevé au chenil de Wolfsmühle, dressé par M. de Schmiedeberg, de 1879 à 1882. Naso II a obtenu 10 prix, dont 8 premiers prix, 1 second prix et 1 prix d'honneur. Il est réservé spécialement comme étalon pour les chiennes du chenil de Wolfsmühle.

Lancet of Braunfels, blanc et foie (K. C. S. B., 13373). Éleveur M. Pilkington, par Old Bang (K. C. S. B., 739), hors de Jessa-

mine. Lancet est frère de Laurel et de Champion-Lilac, il a obtenu le 2ᵉ prix Spa 1881. — Prix de la saillie, 125 francs.

Marshal, blanc et foie (K. C. S. B. 13377, par Bang, hors de Cherry. Éleveur M. Blinkhorn. Prix de la saillie, 125 francs.

Grant, blanc et foie (K. C. S. B., 13365), par Champion-Old-Bang, hors de Maid of Medina. Grant est né chez M. H. F. Grant, il a été dressé par M. H. Anstey, a eu le 1ᵉʳ prix aux field-trials de Berlin 1883 et de Cologne 1883. — Prix de la saillie, 125 francs.

Young-Naso, blanc et foie, par Naso II (K. C. S. B. 8123), hors de Champion-Maggie, né à Wolfsmühle, dressé par M. H. Anstey.

LICES POINTERS DU CHENIL

Sidney II, blanc et foie (K. C. S. B., 11353), par Champion-Squire, hors de Sidney, appartenant maintenant à M. de Bevere, à Bruxelles, mais dont les portées sont réservées au chenil de Wolfsmühle. — Guina, blanc et foie (K. C. S. B., 11324, par Young-Bang, hors de Teal-Guina, est sœur de Priam et de Gunner. — Guina II, blanc et foie, par Naso II, née au chenil. — Lorna, blanc et foie (K. C. S. B., 11337), par Tory, hors de Jessie, Lorna est la sœur de Garnet (K. C. S. B., 8114). — Gretna, blanc et foie (K. C. S. B., 11323, par Tory, hors de Jessie. — Champion-Maggie, blanc et foie, par Champion old Bang, hors de Belle. — Younf-Flounce, blanc et foie (K. C. S. B., 11361), par Prince, hors de Belle. — Young-Jilk, blanc et foie (K. C. S. B., 11363), par Mars, hors de Jilt. — La Vole, blanc et foie, (K. C. S. B., 11331), par Luck of Edenhall, par Belle-Faust. — Young-Clara, blanc et foie (K. C. S. B., 11360, par Mac-Gregor, hors de Lady-Pearl. — Dart II, blanc et foie (K. C. S. B., 11314, par Naso II, hors de Dart. — Jessie II, blanc et foie, par Garnet, hors de Young-Jessie. — Light, blanc et foie, par Champion old Bang, hors de Juno. — Loo, blanc et foie, par Champion old Bang, hors de Juno. — Juno, blanc et foie (K. C. S. B., 9047), par Mike, hors de Juno. — Lady-Mona of Braunfels, blanc et foie, par Naso II, hors de Sidney II. — Kew, blanc et foie (K. C. S. B., 13427), par Young-Bang, hors de Jessie. —

Flirt, blanc et foie, par Young-Bang, hors de Match. — Jilt II, blanc et foie, par Darwin, hors de Young-Jilt. — Venus of Braunfels, blanc et foie (K. C. S. B., 11359), par Champion old Bang, hors de Juno. — Sidney III, blanc et foie, avec orange à la tête, par Naso II, hors de Sidney II.

SETTERS ANGLAIS MALES

Young-Marquis, blanc et noir (blue belton) (K. C. S. B., 11414), par Tam-O'Shanter, hors de La Reine. Young-Marquis est né chez M. Graat, a été dressé par M. Rossbach. Prix de la saillie, 125 francs.

Young-Blue-Prince, blanc et noir (blue-belton) (K. C. S. B., 11412), par Tam-O'Shanter, hors de Fussy. Éleveur M. Brouwne. Prix de la saillie, 125 francs.

Roderick of Braunfels, blanc et noir, par Jeune, hors de Juno. Éleveur M. Southam. Réservé aux lices du chenil.

Tam of Braunfels, blanc et noir (blue belton) (K. C. S. B., 11404), par Tam-O'Shanter, hors de Daisy. Éleveur M. James, dressé par F. Lowe, réservé aux lices du Chenil.

Delight, blanc et noir, par Thory, hors de Meg-Merriles. Éleveur M. Grant, dressé par M. Knowlton. Prix de la saillie, 125 francs.

Young-David, blanc et noir, par David, hors de Ranger-Reine. Éleveur et dresseur, M. A. Fletcher. Prix de la saillie, 125 francs.

Tam-Tam, blanc et noir (blue belton), par Tam-O'Shanter, hors de Dora. Prix de la saillie, 125 francs.

Robin-Hood II, blanc et orange, par Robin-Hood, hors de Dream. Élevé et dressé au chenil. Prix de la saillie, 125 francs.

LICES SETTERS ANGLAIS DU CHENIL

Pride, blanche et noire (blue belton) (K. C. S. B., 8220), par Champion-Prince, hors de Lille II. Éleveur M. Purcel Llewelin. — May-Queen, blanche et noire (K. C. S. B., 12564), par Muray, hors de Pride, née au chenil. — Kate of Braunfels, blanche et noire (K. C. S. B., 11437), par Champion-Rock, hors de Rhoda. Éleveur M. Hemmings. — Queen, blanche et noire, quelques

Dogues et Mastiffs.

Danois (grands).

taches marron, par Fred III, hors de Judy. Élevée au chenil, dressée par M. Korthals, vendue à M. Dubois, à Liège, mais avec descendance réservée. — DAPHNÉ, blanche et noire (blue-belton) (K. C. S. B., 8203), par Champion-Dash II, hors de Duchess. Éleveur M. Brewis. — LADY-CATHERINE, blanche et noire (blue-belton) (K. C. S. B., 9139), par Tam-O'Shanter, hors de Young-Kate. Éleveur M. Armstrong, dressée en Angleterre. — JANCA II, blanche et noire, avec marques oranges à la tête (K. C. S. B., 12556), par Dash III, hors de Janca. Élevée au chenil. — ROSE, blanche et orange, par Jet II, hors de Lorna. Éleveur M. A. Fletcher. — COUNTESS-PRIM, blanche et noire (K. C. S. B., 10180), par Count-Windhem, hors de Champion-Princess. Éleveur M. Purcell-Llewellin. — NELL-GWINNE, blanche et noire (blue-belton), par Jeune, hors de Juno. Éleveur M. Southam. — YOUNG-QUEEN, blanche et noire, par Robin-Hood, hors de Dream. — FLOUNCE, blanche et orange, par Murray, hors de Queen Iᵉʳ. — BIDDY, blanche et taches marron, par Tam-O'Shanter, hors de Old-Kate.

GORDON SETTERS MALES

DONALD, noir avec taches feu (K. C. S. B., 11476), par Ronald, hors de Ruth. Éleveur M. W. Allison, dressé en Angleterre. Prix de la saillie, 160 francs.

BISHOP, noir avec taches feu (K. C. S. B., 10235), par Champion-Bob, hors de Bangle. Éleveur M. E. L. Parsons.

LICES GORDON SETTERS

EMPRESS, noire avec taches feu, par Young-Dan, hors de Kate. Éleveur M. Thomas Webber, à Falmouth. — RISK, noire avec taches feu, par Rupert, hors de Rizpah. Éleveur lord Rosslyn. — YOUNG-BESS, noire avec taches feu (K. C. S. B., 11529), par Bob, hors de Kate. Éleveur M. Gibbs, dressée par M. A. Fletcher. — FAIRY, noire avec taches feu, par Champion-Marquis, hors de Bangle. Éleveur M. E. L. Parsons, dressé par M. H. Anstey. — LADY-JESS, noire avec taches feu, par Grouse II, hors de Jess. — FLOSS OF BRAUNFELS, noire avec taches feu (D. H. S. B.,

13449), par Bishop, hors de Champion-Floss. Éleveur M. E. L. Parsons. — Empress of Braunfels, noire et feu, par Donald, hors de Empress, élevée au chenil. — Belle, noire et feu, par Donald, hors de Empress. Élevée au chenil. — Da, noire et feu, par Lord, hors de Cora. Éleveur M. Garnatz, dresseur M. Betsh. — Duchess VI, noire et feu, par Duke, hors de Duchesse V. Élevée au chenil. — Juno, noire et feu, par Donald, hors de Duchess V. Élevée au chenil.

LICES SETTERS IRLANDAIS

Pamela, rouge avec un peu de blanc, par Champion-Palmerston, hors de Belle, éleveur M. Stuart Moore.

LICES GRIFFONNES

Brosse, griffonne grise avec taches marron, par Moustache Ier, hors de Zampa. Éleveur M. E. K. Korthals. — Zampa, griffonne marron, par Satan, hors de Madame-Angot, éleveur M. E. Korthals.

FOX-TERRIER

Young-Jim, blanc et taches feu, mâle (K. C. S. B., 11200), par Champion-Spice, hors de Vinnie. Prix de la saillie, 75 francs. — Muriel, blanche et noire, par Nip, hors de Laddie II. — Young-Puss, blanche taches noires et feu, par Buff, hors de Quinine. — Sting-Nettle, blanche taches noires et feu, par Tweezers II, hors de Frivolity.

SAINT-BERNARD MALES

Gessler, blanc et taches gris loup. — Prix de la saillie, 125 francs. — Courage II, blanc et taches oranges, par Courage, hors de Hedwig III. Prix de la saillie, 160 francs. — Courage III, blanc et taches rouges par Courage II, hors de Alp. Prix de la saillie 160 francs.

LICES SAINT-BERNARD

Berna II, par Sultan hors de Berna. — Bernina II, par Tell, hors de Bernina. — Berna III, par Courage II, hors de Berna II. — Gletscher, par Courage II, hors de Berna II. — Engadin, par Centaure, hors de Snow.

A. GUINARD & CIE

8, avenue de l'Opéra, Paris.

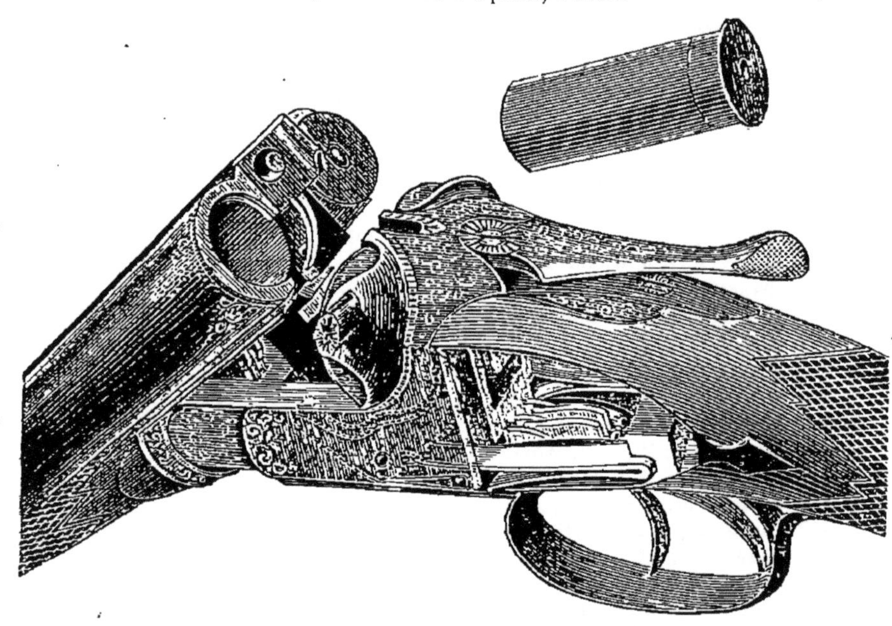

Seuls agents de W.-W. GREENER

De Londres et Birmingham

Vainqueur à tous les *guns trials* de Londres en 1875-77-78-79

POUR SES FUSILS CHOKEBORE A TRIPLE VERROU

HAMMERLESS AUTOMATIC EJECTOR GUN

Fusil sans chien, rejetant automatiquement la cartouche tirée

(Gravure montrant le mécanisme intérieur)

Spécialité de Cartouches de poudre au bois.

CARABINES — REVOLVERS AMÉRICAINS

CHENIL

DU

JARDIN D'ACCLIMATATION

ÉTALONS RECOMMANDÉS

Régent, bloodhound fauve manteau noir; la saillie, 20 francs. — Miraut, basset français, tricolore; la saillie, 15 francs. — Perdreau, braque du Bourbonnais (sans queue); la saillie, 30 francs. — Feldmann, braque allemand, poil rouan; la saillie, 30 francs. — Fox, setter anglais, blanc et orange, par Ben et Nell; la saillie, 30 francs. — Caporal, épagneul de Pont-Audemer, blanc et marron; la saillie, 30 francs. — Young-Victor, mastiff fauve; la saillie, 50 francs.

Les chiennes doivent être expédiées franco à l'adresse du directeur du Jardin d'acclimatation dans de bonnes caisses. Ces chiennes sont remises sans frais aux gares de Paris et retournées à leurs propriétaires; l'administration leur fait donner, pendant leur séjour, la nourriture et les soins nécessaires moyennant une indemnité de 50 centimes par jour, mais elle n'est nullement responsable des accidents ou des pertes pouvant survenir.

LÉONBERG, le plus grand établissement du Wurtemberg pour l'élevage des chiens, offre à part un **grand choix de chiens de race,** 2 dogues mâles, poil bleu luisant, 80 centimètres de hauteur, exemplaires de toute beauté, âgés de un an, sous garantie, 300 marks. Prix courant gratis et franco. — C. Burger zum Rosengarten, Léonberg, Wurtemberg.

Retrievers.

Saintonge.

Setters anglais.

Terre-Neuve et Labrador (chiens de).

Vendée (chiens courants français).

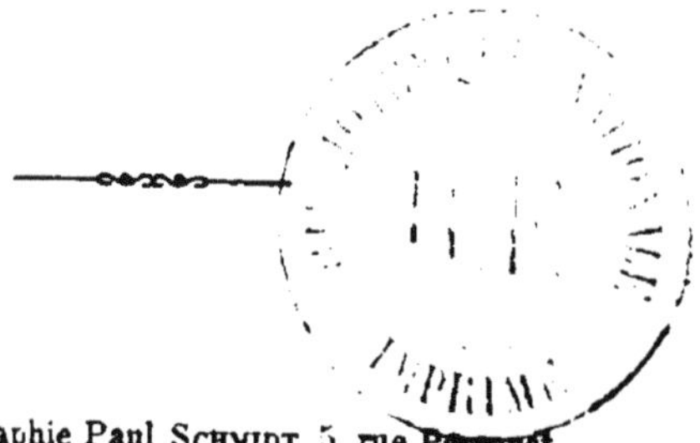

Paris. — Typographie Paul Schmidt, 5, rue Perronet.